国家出版基金项目
“十三五”国家重点出版物出版规划项目
安徽省文化强省建设专项资金项目

当代英雄

Герой нашего времени

［俄］莱蒙托夫◎著
力　冈◎译

安徽师范大学出版社
·芜湖·

图书在版编目(CIP)数据

当代英雄 / (俄罗斯)莱蒙托夫著；力冈译. — 芜湖：安徽师范大学出版社，2018.1

(力冈译文全集；16)

ISBN 978-7-5676-3264-6

Ⅰ. ①当… Ⅱ. ①莱… ②力… Ⅲ. ①长篇小说 - 俄罗斯-近代 Ⅳ. ①I512.44

中国版本图书馆CIP数据核字(2017)第258983号

当代英雄
DANGDAI YINGXIONG

[俄]莱蒙托夫◎著　力　冈◎译

责任编辑：吴毛顺
装帧设计：刘　畅　桑国磊
出版发行：安徽师范大学出版社
芜湖市九华南路189号安徽师范大学花津校区
网　　址：http://www.ahnupress.com/
发 行 部：0553-3883578　5910327　5910310(传真)
印　　刷：浙江新华数码印务有限公司
版　　次：2018年1月第1版
印　　次：2018年1月第1次印刷
规　　格：880 mm×1230 mm　1/32
印　　张：6.25
字　　数：150千字
书　　号：ISBN 978-7-5676-3264-6
定　　价：46.00元

力冈先生文学翻译的历史意义

——序《力冈译文全集》

刘文飞
中国俄罗斯文学研究会会长

在力冈先生诞辰91周年的今天，在力冈先生去世20年后的当下，在洋洋19卷23册的《力冈译文全集》面世的此刻，我们终于可以试着归纳一下他的文学翻译所具有的历史意义了。

一

力冈先生的文学翻译苦行僧形象是具有典型意义和感召力量的，这是中国老一辈俄苏文学翻译家留下的一个苍凉背影，也是他们为自己建起的一座"非人工的纪念碑"。翻译是一项苦差事，是需要坐冷板凳的，是一项付出和回报往往不成正比的工作，是一种注定要与孤独和寂寞为伴的工作。文学翻译至少需要出色地掌握两种语言，而好的外语或许能让人找到另外一种更为轻松、更有利可图的工作，好的翻译家若用其母语来进行创作，大约自己也能写出像样的文学作品来。可是，文学翻译似乎像电子游戏、像吸食鸦片一样是一种能让人上瘾的事情，一旦上手，一旦品味到其中的甘苦，往往便欲罢不能。始自玄奘的翻译姿态和翻译精神，似乎成了中国一代又一代译者的宿命，即专注和吃苦，苦修和执着。

力冈先生1926年生于山东乡间，自幼失去母亲，生活贫苦，到他上中学时，家乡被日寇占领，他流亡河南、甘肃、陕西等地。1950年，他考入哈尔滨外国语专门学校俄语专业，毕业后志愿来到安徽师范大学任教，不久就开始了文学翻译工作，陆续在报刊上发表一些短篇译作，至1956年，他的单行本译作《里雅希柯小说集》已由上海新文艺出版社推出。然而次年，他便在反右运动中蒙冤，被开除公职，押往新生耐火材料厂劳教。1960年7月，他因"劳动表现突出"被摘掉右派帽子，重返学校，他在教学之余立即重拾译笔，在短短数月间便译出苏联作家艾特马托夫的中篇小说《查密莉雅》，这篇译作在《世界文学》杂志1961年第10期刊出，引起轰动，"力冈"这一译家大名从此进入人们的视野。就在力冈先生准备大展宏图、施展拳脚的时候，"文化大革命"却突如其来，1968年，他再度被逐出校园，下放至宣城地区新田公社劳动改造，直到"文革"结束后的1978年方得以重返讲台，此时他已过天命之年，用他自己的话说就是："噩梦醒来，已是人生的黄昏。"文学翻译需要天赋，但也是一种力气活，在对于一位翻译家而言的黄金时期，即30—50岁，力冈先生却两度蒙冤，两度再拾译笔，重新开始，这需要何等的勇气和坚韧！他两落三起的翻译经历，几乎就是20世纪五六十年代中国的俄苏文学翻译家们跌宕起伏的人生经历的缩影，就是那一时代中国知识分子命运的象征。令人惊讶的是，重返译坛的力冈先生以超乎常人的工作激情和翻译速度，在1978年后的20年间陆续出版20余部译著，平均每年一部，总字数达700余万。在20世纪80年代，最初几部译著的出版使力冈先生挣到了以当时标准看相当不菲的稿酬，甚至成为所谓“万元户”，但他似乎无暇也无意去享受自己的劳动成果，依然粗茶淡饭，素衣裹身，与此同时却以更大的热情继续译事，终日伏案，不懈地爬格子。1997年2月，力冈先生因肝癌病在芜湖弋矶山医院逝世，据家人说，他在生命的最后时刻仍在念叨着未译完的最后一部译作《罪与罚》。我们或许可以说，他是被文学翻译累死的；我们肯定可以说，文学翻译是他最为看重的毕生事业。

力冈先生少年时四处漂泊，中年时命运多舛，老年时病魔缠身，他的一生似乎都不是给最需要安宁和平静的翻译家所准备的；力冈先生的职业是教师，他偏居小城，又不善交际，这些似乎都不构成他迅速成长为一位全国著名翻译家的前提条件。但是，正如吴笛教授在他纪念力冈先生的文章中所言：“他的一生就是用出人意料的成就表现了悲怆的境界。面对种种意想不到的遭遇和不公，他并没有沉沦，也没有片面地记恨，而是在艰难的岁月中怀着对人性的憧憬，将厄运升华为创作的动力，在逆境中不忘呼唤人性和仁爱，将种种遭遇视为生命中的财富，在悲怆的境界中抒写诗意人生，毫不气馁地追求生命的意义，在自己所献身的俄罗斯文学翻译事业中，做出了杰出的贡献。”

普希金说过：“译者是文明的驿马。”笔者曾对此说法加以引申：“如果说广义的译者是文明的驿马，那么专事文学翻译的人士便是‘文学的驿马’了。凑巧的是，在汉语中，译者的‘译’和驿马的‘驿’不仅同音，而且在词源、词形和词义上也很相近，区别似乎仅在于后者为‘马儿’而前者是‘文人’（言者）。……用在驿站间往复奔波的马儿来形容译者，每个有过译事经验的人大约都能在这个比喻中品味出某种艰苦和辛酸，甚至是束缚和无奈。……既要有出众的能力还要有忍辱负重的秉性，日复一日的奔波只能换得微薄的粮草，还得时刻提防路途中遍布的坑洼和沼泽，能善此业者非驿马莫属也。”力冈先生就是这样一匹忍辱负重、砥砺前行的“文学的驿马”。力冈先生以他的作为告诉我们，文学翻译是一项可以托付终生的事业，是一种富有意义的存在方式；力冈先生及其文学翻译活动是一种燃烧生命的举动，一个与命运抗争的典范，同时是他的翻译意志奏出的一曲凯歌。

二

力冈先生是在中国改革开放的热潮中展开他最积极的翻译活动的，他的大部分译作出版于20世纪80年代。浏览一下力冈先生的译作书目，可以发现出版于80年代的译著有十余部之多，计有格鲁兹杰夫的《高尔基传》（与济凯合译，江西人民出版社1980年版）、冈察尔的《爱的归宿》（安徽人民出版社1983年版）、巴巴耶夫斯基的《野茫茫》（浙江文艺出版社1983年版）、艾特马托夫的《白轮船》（外国文学出版社1984年版）、阿列克谢耶夫的《儿时伙伴》（山东文艺出版社1984年版）、波利亚科夫的《别林斯基传》（黑龙江人民出版社1985年版）、普希金的《暴风雪》（春风文艺出版社1985年版）、肖洛霍夫的《静静的顿河》（漓江出版社1986年版）、帕斯捷尔纳克的《日瓦戈医生》（与冀刚合译，漓江出版社1986年版）、帕斯捷尔纳克的《含泪的圆舞曲——帕斯捷尔纳克诗选》(与吴笛合译,浙江文艺出版社1988年版)、卡里姆的《悠悠儿时情》(安徽文艺出版社1989年版)和格罗斯曼的《风雨人生》(漓江出版社1991年版)等。从这个目录还可以看出,力冈这一时期的译作总体上以苏联当代文学作品为主要翻译对象。

20世纪80年代是中国当代史上的一个特殊时期,那是一个文化转型期,甚至可以说是中国现当代的一场文艺复兴,是一个文化觉醒的黄金时期。在那场汹涌壮阔的思想解放运动中,在整个改革开放后中国当代文化的建构过程中,对外国文学和外国文化的翻译和介绍起到了无可替代的重要作用,中国当今的现代化,从某种意义上说就是一种“被翻译过来的现代化”。那是一个文学的时代,也是一个翻译文学的时代;那是一个开放的时代,更是一个对外国优秀文学和文化开放的时代,在精神上饥寒交迫的国人首度面对外国文学的盛宴,饕餮之余,最应该感谢的就是那一时代的翻译家。在中国改革开放后出现的外国文学翻译热潮中,俄苏文学也是重要的译介对象之一,力冈先生的译著也和其他众多翻译作品一样,是对改革事业的添砖加瓦,是为思想解放运动注入的燃料,对当时中国社会的文化重建、国民文化性格的重塑起到了重要作用。

中国的俄国文学翻译始自19世纪末,在五四时期出现第一个高潮,如今人们在探讨五四运动的起因时,常将俄国的文学与德国的马克思主义和法国的启蒙思想并列为三大思想资源,由此不难看出俄国文学在当时中国社会所发挥的强大思想作用。后来,在抗日战争时期,在新中国成立之后的50—60年代,俄苏文学再度发挥“军火”和“样板”功能，而在改革开放时期，包括俄苏文学在内的外国文学，又一次成为国人解放思想、放眼世界的意识形态工具和思想武器。如果说，鲁迅那一代翻译家是“给起义的奴隶偷运军火”的人，那么，改革开放时期的这一代中国翻译家同样是为国人“盗火”的普罗米修斯，功莫大焉，没有包括力冈先生在内的这一代翻译家的辛勤工作，国人的思想解放就是难以想象的。如果我们把出生在19、20世纪之交的翻译家如鲁迅、瞿秋白、蒋光慈、茅盾、巴金、耿济之等视为中国第一代俄国文学翻译家，那么20世纪第一个十年前后出生的姜椿芳、曹靖华、戈宝权、查良铮、汝龙、满涛、叶水夫等就是第二代，而力冈以及去年去世的草婴和刚刚去世的高莽等人则构成中国的俄国文学翻译家的第三代方阵，这一代翻译家同样以自己的辛勤努力为中国的思想启蒙和文化构建做出了历史性的贡献。

中国第三代俄国文学翻译家的工作也对当代中国文学的发展进程产生了深远影响。在20世纪80年代初起，俄苏文学在中国的译介出现一个“井喷”现象，十余年间，全国近百家出版社先后出版的俄苏文学作品多达近万种，在译作的种类和印数上，可能要高出此前所有同类出版物的总和。在这样一种铺天盖地的外国文学译介热潮中，受益的不仅仅是中国的读者，自然也包括中国的作家。王蒙在他的《青春祭》（作家出版社2006年版）一书中写道：“我们这一代中国作家中的许多人，特别是我自己，从不讳言苏联文学的影响。是爱伦堡的《谈谈作家的工作》在50年代初期诱引我走上写作之途。是安东诺夫的《第一个职务》与纳吉宾的《冬天的橡树》照耀着我的短篇小说创作。是法捷耶夫的《青年近卫军》帮助我去挖掘新生活带来的新的精神世界之美。在张洁、蒋子龙、李国文、从维熙、茹志鹃、张贤亮、杜鹏程、王汶石直到铁凝和张承志的作品中，都不难看到苏联文学的影响。张贤亮的《肖尔布拉克》、张承志的《黑骏马》以及蒋子龙的某些小说都曾被人具体地指认出苏联的某部对应的文学作品；这里，与其说是作者一定受到了某部作品的直接启发，不如说是整个苏联文学的思路与情调、氛围的强大影响力在我们的身上屡屡开花结果。”这里提到的张承志，就对力冈先生的译作赞不绝口，曾感慨：“我恨不得倒背如流！”由此不难窥见力冈先生的译作对改革开放时期中国作家产生的影响。

三

1984年，漓江出版社推出力冈先生重译的《静静的顿河》，这是新时期名著重译的第一部，而自90年代起，力冈先生更将名著重译当成首要任务，相继重译了多部俄国文学经典，如托尔斯泰的《复活》（译林出版社1992年版）和《安娜·卡列尼娜》（浙江文艺出版社1992年版）、屠格涅夫的《猎人笔记》（河北教育出版社1994年版）、莱蒙托夫的《当代英雄》（河北教育出版社1994年版）等，他作为翻译家的最后一项工作，就是重译陀思妥耶夫斯基的《罪与罚》。力冈先生是俄国文学经典著作重译的倡导者和先行者之一，他几乎将他翻译艺术炉火纯青的最后十年都用在了名著重译上。

文学名著重译始终是译界的一个有趣话题。中外文学史上的名作原著，无论出现在什么时代，一代又一代读者捧读的均为同一个文本，而文学名著的译本，即便是著名的译本，却常常会随着时间的推移而“衰老”，会被所谓“新译”所取代。日本著名斯拉夫学者、契诃夫的日译者沼野充义有一次曾对笔者说，被译成日语的契诃夫作品每20—25年便要新译一次，以适应新一代的读者。他的话让笔者大吃一惊，可转而一想，外国文学作品的汉译其实也有着大致相同的命运，尽管其存活期未必一定就是20—25年。汉语文学中的原创名著，如唐诗宋词元曲，如《三国演义》《水浒》《西游记》《红楼梦》，自然在任何时代都不需要也不允许做任何文字加工，可汉语文学中的翻译名著，即便是近现代翻译大家们的著名译作，如严复译的《天演论》、林纾和魏易译的《黑奴吁天录》、鲁迅译的《死魂灵》等，如今也会让人觉得不无“过时”之感，至少会让当下的读者阅读不畅。也就是说，文学名著是永恒的，不朽的，它们的译作却是相对短命的。笔者曾在一篇文章中对名著重译现象作过一番思考：首先，从读者方面看，读者为什么会在面对原作和译著时持有不同的阅读态度呢？他们对于原作和译作这种不同的阅读取舍究竟源自何种阅读心理呢？这种厚此薄彼的取向究竟是先天的还是后天的，是产生在翻译活动出现之后还是之前，这种倾向与文学名著重译这两者之间究竟存在着什么样的互动关系呢？其次，从译者的角度看，在进行重译和新译时究竟该如何面对已有的译作，尤其是已有的优秀译作，是刻意回避，还是尽量汲取原有译作的经验和精髓呢？如果对原有译作尤其是名译作的经验和精髓有所汲取，又该如何避免抄袭的嫌疑和版权的纠纷呢？如果对前辈翻译家宝贵的翻译经验视而不见，每位新译者均另起炉灶，真的能做到青出于蓝吗？如果新译在翻译质量上无法与旧译比肩，甚至不如旧译，那么重译的意义和价值又何在呢？最后，从翻译实践活动自身来看，用16、17世纪的汉语去翻译莎士比亚当然是可笑的，但是，用21世纪的汉语网络语言去翻译莎士比亚就一定具有历史的必然性和合理性吗？不断地重译、新译，会在多大程度上减少或抹去原作的时代感和历史感，把每一部新译作都作为当下的作品来读，是不是一种最大程度的误读呢？

力冈先生在进行文学名著的重译时，不知是否也曾遭遇此类问题，但他在晚年义无反顾地执着于重译，一定是一种有意识的抉择。我们猜度，他在他翻译事业的黄金时段做出这一重大转向，可能有如下几种原因：首先，他觉得在他之前的译本还有继续加工的余地，还有再度提升的空间。力冈先生重译的这几部俄国文学名著在他之前早已有过出自名家的名译，它们是不止一代中国读者捧读的对象，但力冈先生却不畏权威，另辟蹊径，公开与多位前辈翻译大家打擂台，这或许是力冈先生个人性格的一种显现，但他敢于“叫板”，无疑因为他自信他可以比之前的译著译得更好，或至少能译出他自己与众不同的特色。其次，在译出十多本书后，作为一名富有经验的翻译家，力冈先生大约也会产生出如何超越自己的问题，重译名著，既可以与前辈译家一较高低，同时也能时刻与俄国文学史上的名著及其作者进行跨越时空的深度交流，这无疑是一种更富有挑战也更富有趣味的工作。最后，名著之所以成为名著，就因为它们往往具有更为完满的艺术价值和更为恒久的艺术生命，翻译这样的作品，无疑更能呼应社会的阅读需求，赢得更大的社会意义。

力冈先生晚年重译的多部名著如今仍在一次又一次地再版，这说明力冈重译的俄国文学经典具有长久的生命力，也说明他当年重译名著的抉择是正确的。一位翻译家，只要他的译作还能出版，还能被人阅读，这位翻译家就还活着，好的译作就是译者的生命之延续。从更为广泛的意义上说，力冈先生是我国改革开放之后名著重译之风的倡导者之一，而名著重译，对于深化我们对外国文学经典的理解和认识、对于发展我们的翻译实践和理论而言，都是极具历史意义的。

四

力冈先生是一位翻译家，也是一位大学老师，教书育人是他的本业。作为恢复高考后步入安徽师大外语系俄语专业的20名学生之一，笔者有幸受教于王老师（力冈本名王桂荣，我们当时都称他“王老师”）。记得先生1978年从插队的宣城乡村回到安徽师大后，不久就开始给我们授课，他教的是“文学选读课”。先生是一个颇为“另类”的老师：他上课不用现成的教材，没有固定的教案，就以他当时正在进行的翻译工作为授课内容；他在教室里不来回走动，几乎不做板书，仅端坐讲台，摊开那本他正在翻译的原著，一旁摆着一摞他最新出炉的译稿，按部就班、一句一句对照着讲下去。对文学没有兴趣、对文学翻译没有兴趣的学生，听这样的课或许会感到无味，当时王老师课的课堂气氛也的确有些沉闷单调，但王老师并不在意，只管自顾自地讲下去，他会讲他为什么要这样译，讲到兴奋处，他会突然提高嗓门，用带有山东腔的口音高声朗读他最得意的译文段落，读完后，他会抬起眼睛，久久地盯着天花板，似在掩饰眼里涌出的泪水。记得是在讲解《当代英雄》时，他时时指出其他译者，甚至是非常著名的翻译家的错误，并向我们分析这些错误之所以出现的可能的原因，他也时常让我们在他的译文中“挑错”或为他的译文“润色”，如果我们偶有所得，他往往显得比我们还要高兴。与王老师的文学选读课构成呼应的，是我们在大三时学的翻译课，翻译课教师张本桂先生常常给我们一些原文片段，让我们动手翻译，并在下一次翻译课上让译文出色的同学朗诵其译文，并对他认为好的译文再逐字推敲。正是在力冈先生以及张本桂先生和其他老师的精心培养下，安徽师大俄语专业涌现出一大批俄罗斯语言文学专业的人才，其中多位如今已成为国内知名的翻译家，有译著面世的人更多达十余位，如吴笛、张杰、周启超、吴嘉佑、冯华英、朱少华、陈建硕和刘文飞等。名不见经传的安徽师大俄语专业，在短短二三十年间居然成为中国的俄语文学翻译家的摇篮，王老师在天之灵也会因此而深感欣慰！

我们这个俄国文学译者群体的崛起，在很大程度上要归功于力冈先生及其同事们的言传身教。首先，他在课堂上逐字逐句的中俄文对照讲解，他关于译者甘苦的诉说，对于有志于文学翻译的学生而言弥足珍贵，这其实就是一个文学翻译的工作坊和实验室，让我们当年在初步掌握俄语后不久便接触到了俄语翻译的真谛，亲眼目睹了一位翻译家的工作过程和工作方式。其次，他既与我们分享他的翻译过程，也与我们分享他的翻译收获，记得我们在校时，他和济凯先生合译的《高尔基传》已经出版（江西人民出版社1980年版），他送给全班同学每人一本译著，并用规整的笔迹在扉页上题字签名，不难想象，我们接到这样的馈赠时会多么激动，同时也会觉得译书和出书不再是一件遥不可及的事情。最后，他以他的翻译行为和翻译意志告诉我们大家，庙小并不妨碍念经，更不妨碍修身。他在翻译课上不畏权威，真诚地点出翻译名家们的长处和短处，让我们较早地感受到某种翻译民主精神，并从而确立自己的翻译人格。在他之前的大翻译家往往都生活和工作在大城市，而他在成名后却安居小城，潜心译事，他的存在方式构成一种垂范和激励，使我们很早就意识到，一位翻译家原本可以在任何环境里成长和工作。力冈先生作为一位翻译家的作为和风骨，为他的学生们树立起一个光辉的榜样。

五

力冈的文学翻译有着其鲜明独特的文字风格。译者作为一部作品中的“被动创作者”，究竟应不应该体现其风格，这也是翻译学中一个争论已久的问题，一个见仁见智的问题，有人认为，译者的责任就在于原封不动地传导原作的风格，而不能擅自发挥，喧宾夺主。但是，译作毕竟是由译者用另一种语言进行的文学再创作，译者个人的修辞习惯和语言风格不可避免地会在其译作中得到体现，也就是说，所谓“译者风格”实际上是难以避免的。在这种情况下，如何让译者的风格与作者的风格相互接近、相互吻合，往往就成了决定译作成败的关键因素之一。译者无法在作品的风格范畴里肆意妄为，但译者毕竟有权利选择与自己相近的原著，或者说，选择自己较容易处理的翻译对象，或者说，在一部作品的翻译过程中更注重在自己的风格较易发挥的地方施展拳脚。原作风格和译者风格的吻合虽是一个可遇不可求的事情，但一旦相遇，便是译者的幸事，也是原作者的幸事，更是读者的幸事。

在力冈先生的译著中，较之于人物对话和心理描写，大段落的抒情和大场面的写景似乎得到了译者更为精心的处置，他往往能借助这些段落营造出一种悲凉壮阔、哀婉抒情的氛围，更确切地说，他往往能细腻精准地传导出原作中的此种氛围。力冈先生钟情于这样的段落，钟情于这种文学氛围的营造和传导，无疑与他饱经沧桑的生活经历相关，也是他既刚正不阿又侠骨柔情的性格使然，更是他的审美趣味和文字风格的要求。他的几部译著在书名翻译上的处理，就在一定程度上体现了他的这一追求。巴巴耶夫斯基的小说原名 ***Приволье***，这是一个很“地道”的俄语单词，意为“广阔的地方”“无拘无束”等，力冈成功地将其译成《野茫茫》，这个译名既契合小说描写苏联斯塔夫罗波尔草原地区生活的主题，也暗含着我国著名的北朝民歌《敕勒歌》所具有的苍茫壮阔的抒情力量。卡里姆的小说原题 ***Долгое-долгое детство***，力冈先生最初发表在《世界文学》上的译文题为《漫长漫长的童年》，后来出版单行本时，他将书名改为《悠悠儿时情》，

“漫长漫长的”和“悠悠”这两种均使用了叠词的译法都是对原文题目中的修辞手法和诗意情绪的准确再现，但“悠悠”较之“漫长漫长的”似乎更符合中文习惯，再加上之后的“儿时情”，无疑更有抒情味。冈察尔的小说 *Берег любви* 通常被译为《爱的彼岸》或《爱之岸》，力冈先生却译为《爱的归宿》，译者似乎也是在有意地“拓展”作为小说描写对象的爱情的辐射范围。力冈最重要的译作之一《生活与命运》最初的译名是《风雨人生》，力冈是在20世纪80年代末结束此书的翻译的，想必他在译完这部作品时，回顾自己和社会遭遇的种种磨难，不禁百感交集，故将格罗斯曼的原书名 *Жизни и судьба* 译成《风雨人生》。需要说明的是，在广西师范大学出版社不久前再版力冈先生的这部译著时，笔者建议将译著的书名改为《生活与命运》，因为这部小说如今已与托尔斯泰的《战争与和平》并列，而作者格罗斯曼在为这部小说取名时也的确是对托尔斯泰那部史诗的有意模仿，“生活与命运”和“战争与和平”，都是对人类生活最高程度的归纳和概括。

我们或许可以将力冈先生的文学翻译风格概括为“大气的诗意”或“壮阔的悲凉”，即一种融悲剧与抒情于一炉、广阔的画面感与内在的节奏感相互呼应、一气呵成的连贯调性和力透纸背的史诗感相映成趣的译文风格。在他精心翻译的《静静的顿河》和《日瓦戈医生》等巨著中，他的译笔很好地传达出了原著中原本就饱含的由抒情性、悲剧性和史诗性抱合而成的小说整体氛围，而在《生活与命运》的翻译中，他的这一风格又得到了更为充分的彰显。请读一读这部史诗长篇的结尾：“在这种宁静中，会想起去年的树叶，想起过去的一场又一场风雨，筑起又抛弃的窠巢，想起童年，想起蚂蚁辛辛苦苦的劳动，想起狐狸的狡诈和鹰的强横，想起世间万物的互相残杀，想起产生于同一心中又跟着这颗心死去的善与恶，想起曾经使兔子的心和树干都发抖的暴风雨和雷电。在幽暗的凉荫里，在雪下，沉睡着逝去的生命——因为爱情而聚会时的欢乐，四月里鸟儿的悄声低语，初见觉得奇怪、后来逐渐习惯了的邻居，都已成为过去。强者和弱者、勇敢的和怯弱的、幸福的和不幸的都已沉睡。就好比在一座不再有人住的空了的房子里，在和死去的、永远离开这座房子的人诀别。但是在寒冷的树林中比阳光明丽的平原上春意更浓。在这宁静的树林里的悲伤，也比宁静的秋日里的悲伤更沉重。在这无言的静默中，可以听到哀悼死者的号哭和迎接新生的狂欢……"这一史诗性的小说结尾写得好，译得也好，善于再现悲剧抒情风格的翻译家力冈先生的功力和风格在这里体现得淋漓尽致，炉火纯青！

俄国诗人叶夫图申科在1986年访问中国之后，深为中国俄苏文学翻译家们忍辱负重、坚持不懈的精神所感动，写下一首题为《中国翻译家》的诗作，在由笔者译成中文的这首诗的最后，诗人写道："知识分子的良心，/就是一家出版社，/它仍能工作，/即便没有印刷机，/无论监狱、瘢迹还是侮辱，/它仍能用诗句的春燕/把各个民族连系。/翻译家们在做什么？/他们让各国人民相互走近，/越过国境，/越过谎言的沼泽地。/总有一天，要用他们的姓氏/为巨轮命名，/稻穗和麦穗，/会向他们鞠躬致敬。/伟大的译文，/就像神的预言。/翻译过来的细语，/会成为震耳的呼喊。/但愿能有一座纪念碑，/献给无名的翻译家，/那最为可敬的基座，/就由无数的译著垒成！"我们相信，力冈先生的译著，应该也被垒入这座纪念碑的基座;力冈先生的名字,应该也被刻上这座纪念碑的碑身!

二〇一七年初秋于京西

作者序[①]

不论什么书的序言，总是写于最后而放在最前。或者用以说明写作的目的，或者作为对批评的回答和申辩。但读者一般并不理会弘扬道德的用心和刊物上的攻击，因此他们不看序言。事实就是如此，尤其是在我们这儿，这是令人遗憾的。我们的广大读

①本作品于1837年开始写作，完成于1839年，这是莱蒙托夫从流放地回到彼得堡之后，其创作的鼎盛时期。其中《贝拉》《宿命论者》《塔曼》陆续发表于1839年和1840年的《祖国纪事》。1840年第一次出版全书单行本，1841年出第二版。莱蒙托夫在构思时，称之为“系列小说”；《祖国纪事》在发表《宿命论者》时加的“编者按”中也称之为“小说集”。最初的书名为《世纪初人物之一》。现书名《当代英雄》直译应为《我们时代的主人公》。作品发表后受到保守势力的攻击，说毕巧林不是俄国社会和俄国生活中的典型，是西方造就了这一类人物，西方利己主义的毒菌传染了他们。沙皇尼古拉一世也说这是一部“微不足道的”书，并证明作者道德败坏。而进步的知识界则热烈欢迎和赞誉这部作品，1840年别林斯基在《祖国纪事》发表长文《莱蒙托夫的〈当代英雄〉》，认为莱蒙托夫创造了真正的当代人物典型，是“为我们的时代担忧”，要通过这部小说“解答当代的一些重要问题”。该序言是作者在出第二版时加写的，它回答了当时出现的许多议论并申明了作者写作的宗旨。

者还很幼稚和天真，如果在寓言的结尾找不到几句训谕，就不明白寓意何在。他们看不出戏谑，感觉不出讽刺，教养实在太差了。他们还不知道，在规规矩矩的社会和规规矩矩的书里是不能公开骂人的；还不知道，现代文明发明了一种更锐利的、几乎不见形迹的、因而更能置人于死地的武器。这种武器可以在甜言蜜语的掩盖下给人以不可抗拒的、致命的打击。我们的读者好像乡巴佬，听了两个敌对朝廷外交官的谈话，就认定他们各人都为了深厚的友谊不惜欺骗自己的政府。

本书不久前错蒙一些读者甚至刊物的咬文嚼字，信以为真。另外有些人却非常恼火，而且恼火得不得了，因为竟拿"当代英雄"这样品行不端的人给他们做榜样；还有一些人则凿凿有据地说，作者描绘的是他自己的肖像和他的一些熟人的肖像……真是老一套的、毫无意思的笑话！不过，显然，俄罗斯生成就是如此：什么都可以更新，就是改不掉诸如此类荒谬的事。就连最离奇古怪的神话，在我们这儿都难免被斥为蓄意进行人身攻击。

先生们，"当代英雄"确实是肖像，但不是某一个人的肖像。这是整个我们这一代人的缺陷充分发展而构成的肖像。诸位又会说，人不可能这样坏。那我就问问诸位：既然诸位相信一切悲剧和浪漫故事中的坏蛋可能实有其人，为什么就不相信毕巧林的真实性呢？既然诸位欣赏离奇得多、荒谬得多的随意虚构，为什么对这个人物，即使是虚构的人物，就不能马虎点呢？是不是因为其真实程度超过了诸位所希望的？

诸位会说，这于弘扬道德无益吧？得了吧！人们吃甜食已经够多的了，甜食吃多了伤胃，很需要吃吃苦口的良药，听听逆耳的忠言。不过,诸位听我这么一说,可别以为本书作者狂妄,梦想成为人类缺陷的矫正者。决不至于如此无知!作者只是乐于描绘描绘他所了解的当代人:这样的人是他不幸常常遇到的,也是诸位不幸常常遇到的。指出毛病,如此而已;至于怎样医治,那就只有天知道了!

目　录

第一部

一、贝拉

我乘驿车离了梯弗里斯。车上的行李只有一个不大的皮箱，其中一半装的是格鲁吉亚旅行笔记。算诸位走运，这些笔记大部分后来都丢失了；算我走运，皮箱和里面的其他东西都完好无损。

我乘驿车进入科叔尔山谷的时候，太阳已经开始向白雪皑皑的山峦后面落了。赶车的奥塞梯人一个劲儿地赶马，要在天黑之前爬上科叔尔山，并且放开喉咙唱起歌儿。这山谷真是一片好地方！四周都是高高的山峰，红红的岩崖上挂满翠绿的常青藤，崖顶上是一丛丛悬铃木；黄黄的峭壁被流水冲出一道道印子；高处，远远望去，积雪像一条条金光闪闪的流苏；下面，阿拉格瓦河同雾蒙蒙的、黑黑的峡谷里奔腾而出的一条无名小河汇合之后，像一条银线似的延伸开去，闪闪发亮，像蛇晃动着满身的鳞。

我们来到科叔尔山脚下，在一家小饭馆门前把马车停住。这儿闹哄哄地聚集着一二十个格鲁吉亚人和山民，附近还有一帮骆驼客商停下来过夜。我得添雇几头公牛，好把我的马车拉上这座该死的大山，因为已经是秋天，路上有了薄冰，而且这段上山的路有两俄里长。

没办法，我只好又雇了六头公牛和几个奥塞梯人。一个奥塞梯人把我的皮箱扛在肩上，另外几个人就帮着牛拉车，不过几乎只是吆喝吆喝。

在我的马车后面，四头牛拉着另一辆车，轻松得像没事儿似的，尽管那车装得满满的。这使我感到惊愕。那辆车的主人跟在车后面，嘴里叼着小小的卡巴尔达镶银烟斗。他身穿没有肩章的军官服，头戴毛茸茸的切尔克斯皮帽。看样子他有五十岁上下；他那黑黑的脸色表明这张脸跟外高加索的阳光结缘已久，那早早白了的胡子却跟他那矫健的步伐与精神抖擞的样子很不相称。我走到他面前，鞠了个躬；他一声不响地向我还了礼，并且吐了一个老大的烟圈儿。

“看样子，咱们是同路的吧？”

他又一声不响地点了点头。

“您想必是去斯塔夫罗波尔吧？”

“是的……押送东西。”

“请问，您的车这样重，为什么四头牛拉着毫不费劲儿，我的车是空车，六头牛拉，还有这几个人帮忙，走起来却这样吃力？”

他调皮地笑了笑，意味深长地看了看我。

“您来高加索想必不久吧？”

“将近一年。”我回答说。

他又笑了笑。

“怎么啦?”

“没什么！这些家伙狡猾透了！您以为他们吆喝是帮忙吗?鬼知道他们吆喝的是什么！牛倒是懂得他们的意思;哪怕您套上二十头牛,只要他们这么一吆喝,牛就一步也不动了……全是狡猾透顶的骗子手！拿他们有什么办法呢?……他们就喜欢敲诈过路人的钱……糊弄人糊弄惯了！您瞧着吧,等会儿还要向您讨酒钱呢。我可是知道他们那一套,他们别想糊弄我。”

“您在这儿当差已经很久了吗?”

“是啊,我当年来这儿,还是在阿列克赛·彼得罗维奇[①]麾下。”他挺了挺胸脯,回答说。“他来边防视察的时候,我是少尉。”他补充说,“我在他麾下,因为讨伐山民有功,升过两级。”

“那您现在呢?……”

“现在在第三边防营。请问,您呢?……”

我就对他说了说。

谈话就此结束,我们肩并肩一声不响地继续赶路。到了山顶,我们踏着积雪往前走。太阳落山了。黑夜紧接着白天降临,连间歇也没有,在南边通常都是这样;不过,借着积雪的反光,我们很容易看清道路,道路依然是上坡路,虽然已经不那样陡了。我吩咐奥塞梯人把皮箱放到车上,把牛卸了,把马套上,并且最后一次回头望望下面的山谷,可是从峡谷里像波浪一般涌出的滚滚

①阿列克赛·彼得罗维奇·比尔莫洛夫(1772—1861),著名的俄国将军。1816—1827年任格鲁吉亚总督和高加索司令。

浓雾把整个山谷完全遮住，而且也没有一点声音从那边传到我们的耳际。几个奥塞梯人果然闹哄哄地把我围住，向我要酒钱；但上尉声色俱厉地对他们大喝一声，他们一下子就跑开了。

“这些家伙就这样！”他说，“连俄语‘面包’都不会说，却会说：‘老总，赏几个酒钱！’我觉得，连鞑靼人也比他们好些，至少鞑靼人不是酒鬼……”

离驿站还有一俄里左右。四周一片寂静，静得可以根据蚊子的嗡嗡声知道蚊子往哪儿飞。左边是黑黝黝的深谷，峡谷那边以及我们的前方，一道道暗蓝色的峰峦如一条条波浪，披着一层层积雪，矗立在还留着晚霞余晖的苍茫天际。星星开始在黑乎乎的天空闪烁，奇怪的是，我觉得这儿的星星比我们北方的星星高得多。道路两旁是一块块光秃秃的黑黑的岩石；有的地方积雪中露出几丛树棵子，不过没有一片枯叶响动，在这万籁俱寂的时候，听到三匹困倦的驿马打响鼻声和俄罗斯铃铛不均匀的响声，是很惬意的。

“明天准是好天气。”我说。

上尉什么也没有回答，只是用手给我指了指矗立在我们正前方的一座高山。

“怎么了？”我问。

“古得山。”

“那又怎么样？”

“您瞧，在冒烟呢。”

确实不错，古得山在冒烟。山两边升起一缕缕薄云，山顶上却横铺着一片黑云，漆黑漆黑的，在黑乎乎的天空中像一片墨迹。

我们已经望得见驿站和驿站周围石头房子的平顶,点点灯火已经在我们面前亲切地闪烁。忽然吹来一阵潮湿的冷风,峡谷里嗡嗡响起来,接着就下起小雨。我刚刚披起斗篷,就下起雪来。我怀着敬意对上尉看了看……

"咱们只好在这儿过夜了。"他懊丧地说,"这样的风雪天,可不能翻山越岭。怎么样?"他问车夫,"十字架山是不是有过雪崩?"

"没有过,老爷。"赶车的奥塞梯人回答说,"可是雪有好多,好多,眼看着要往下落。"

因为驿站里没有供旅客住宿的房间,所以我们被领到一座烟气腾腾的石头房子里过夜。我请我的旅伴一起喝茶,因为我随身带了一把铁茶壶——这是我在高加索旅行期间仅有的一点乐趣。

这座石头房子有一面是岩壁,门口有三级又滑又潮湿的台阶。我摸索着走进去,撞在一头母牛身上(这地方的人拿牲口棚当下房)。我真不知道往哪儿去才好:这边有几只羊在咩咩叫,那边有一条狗呜噜呜噜发牢骚。幸亏这时旁边有一缕模糊的亮光一闪,让我看到一个很像门的洞孔。眼前出现了十分有趣的场面:一间宽大的石头屋子,屋顶用两根熏黑的柱子撑着,屋子里挤满了人。屋子中央就地生起一堆火,火劈啪响着,风把烟从屋顶的窟窿里倒灌进来,整个屋子里烟气腾腾,我老半天看不清周围的东西。火堆旁边坐着两个老婆子、好几个孩子和一个瘦瘦的格鲁吉亚男子,全都穿得破破烂烂的。没办法,我们也在火堆旁坐下来,抽起烟斗,不一会儿,茶壶也亲切地咝咝叫起来。

"这些人真可怜呀!"我指着一声不响、愣愣地望着我们的这肮脏的房东一家人，对上尉说。

“这些人再蠢不过了！”他回答说，“您可相信？他们什么也不会，什么教养都没有！还不如我们那儿的卡尔巴达人或者车臣人，那些人虽然是强盗、穷光蛋，可是都敢作敢为，这些人却对武器毫无兴趣，不管在哪一个身上连一把像样的刀子都看不到。奥塞梯人就是奥塞梯人！”

“您在车臣待了很久吗？”

“可不是，有十来年呢，我带着一连人驻扎在那儿的一个要塞里，就靠近石滩——那地方您知道吗？”

“听说过。”

“唉。我的爷呀，那些不要命的家伙叫我们伤透了脑筋。谢天谢地，如今太平些了。原来可不是这样，只要你离开寨墙一百步，就会有披头散发的魔鬼蹲在那儿守候着你。一不留神，就会遭殃：不是被套索套住脖子，就是一颗子弹打进后脑勺。可厉害哩！……”

“恐怕您遇到过不少惊险事儿吧？”我不由得动了好奇心，就问道。

“怎么会不遇到！遇到过呀……”

于是他捻起左边的小胡子，低下头，沉思起来。我非常希望从他嘴里听到什么有意思的事儿……这种心情是所有出门旅行和喜欢写作的人都有的。这时候，茶也烧好了。我从皮箱里拿出两个旅行用的杯子，倒了一杯茶，放到他面前。他呷了一口，像自言自语似的说：“是啊，遇到过呀！”这一声感叹使我产生了无限希望。我知道，在高加索住了多年的人都喜欢聊聊什么事儿。他们难得有机会聊聊,有的人带着连队在荒野僻壤驻上五年,整整五年中没有谁对他说一声“您好”(因为司务长是说“祝您健康”)。而要聊的事儿是很多的,周围的人又野蛮,又引人好奇,天天都有危险,常常有稀奇古怪的事儿,说起来,不由得感到遗憾,我们记载的实在太少了。

"要不要加一点甜酒?”我对跟我聊天的上尉说,“我有梯弗里斯的白甜酒。现在天很冷嘛。”

“不,谢谢了,我不喝酒。”

“怎么一回事儿?”

“没什么。我发誓戒酒了。那时候我还是少尉,有一次,我们偷偷地喝了一些酒,夜里却发起警报,我们就醉醺醺地跑出去集合,阿列克塞·彼得罗维奇知道了,我们就倒霉了。天啊,他真是大发雷霆!差点儿没有按军法处治。确实也是的,一年到头闲着没事儿干,连人影子也看不到,再加上老酒一喝,一个人就完了!”

我听了这话,几乎失望了。

“就拿契尔克斯人来说吧,”他继续说下去,“每遇到婚事或者丧事,多喝上几杯酒,就要动刀动枪砍杀起来。有一回我好不容易才逃脱了,那还是在一位很友好的王爷家做客。”

“那是怎么一回事?”。

“哦,”他装好烟斗,吸了一口,就说起来,“您听我说说。那时候我带着一连人驻扎在捷列克河那边的要塞里——这事儿快有五年了。那年秋天,有一天来了送粮车队,跟车队来的有一位军官,是一个二十四五岁的年轻人。他穿着全副军装来见我,说是奉命要留在我的要塞里。他那样瘦，那样白，身上的军装又那样新，我立刻猜想到，他来我们高加索才不久。我问他：'您是刚从俄罗斯调到这儿来的吧？'他回答说：'是的，上尉先生。'我握住他的手，说：'欢迎，欢迎。您在这儿会感到有点儿寂寞的，不过咱们可以过得像朋友一样融洽。哦，您干脆叫我马克西姆·马克西梅奇得了。而且，您何必这样全副军装呢？不管什么时候到我这儿来，戴个军帽就行了。'给他拨了宿舍，他就在要塞里住下来。"

"他叫什么名字？"我问马克西姆·马克西梅奇。

"他叫……格里高利·亚历山大罗维奇·毕巧林。我敢说，是一个很好的小伙子，就是有点儿怪。比如说，在风雨天，很冷的日子，他整天都在外面打猎，别人都累坏了，冻坏了，他却一点事儿也没有。可是有时候他坐在自己屋里，风一吹，就说是着凉了；百叶窗一响，就吓得打哆嗦，脸色发白。可是我亲眼看到他一个人打野猪。有时候一连几个钟头听不到他说一句话，可是等他一开口，准会叫你笑破肚子。是啊，是有些古怪，而且看样子是一个有钱的人，各种各样值钱的小玩意儿有多少呀！……"

"他跟您一起过了很久吗？"我又问道。

"一年光景。不过这一年可是我忘不了的！他给我添了不少麻烦，那就不必提了！确实，就有这样一种人，命里注定要遭遇种种不平常的事儿。"

"不平常的事儿？"我带着好奇的神气叫道，一面给他添茶。

"我就对您说说吧。离要塞五六俄里，有一位跟我们很友好的王爷，他有个儿子，十五六岁，常常骑马到我们这儿来，几乎天天来，不是为这事儿，就是为那事儿。我和毕巧林把他娇纵惯了。这是个胆大包天的家伙，干什么都眼疾手快：骑马飞驰中能从地上捡起帽子，打枪出手又快又准。就是有一点不好：贪钱如命。有一次，毕巧林和他开玩笑说，要是他能把父亲的羊圈中最好的羊偷出来，就给他一枚金币。您猜怎么样？到了第二天夜里，他就抓住羊角把羊拖来了。有时候，我们想法子逗他，他立刻连眼睛都红了，伸手就抓匕首。我常常对他说：'唉呀，阿扎玛特，你早晚要倒霉，不会有好下场的！'

"有一天老王爷亲自来请我们去吃喜酒：他要嫁大女儿了。我们跟他是好朋友，所以也不好推辞，虽然他是鞑靼人，但我们还是去了。村子里有许多狗汪汪叫着迎接我们。女人们一看到我们都躲起来了，有几个的脸我们是看清楚了的，实在说不上漂亮。毕巧林对我说：'我原来以为契尔克斯女子要美得多呢。'我笑着回答说：'别着急嘛！'我心里是有数的。

"王爷的房子里已经聚集了许许多多人。您要知道，亚细亚人有这样的风俗，不论遇到什么人，都要请来吃喜酒。王爷家的人十分殷勤地接待我们，把我们领到客厅里。不过，我并没有忘记留意，他们把我们的马拴在什么地方，不能不提防意外情况。"

"他们究竟怎样办喜事呀？"我问上尉。

"倒也平平常常。先是由毛拉给他们诵一段《古兰经》；然后向新郎、新娘及其亲人赠送礼物；宴会开始，又吃又喝；然后开始马术表演，通常都是由一个穿着破破烂烂、满身油污的家伙骑一匹跛腿的劣马，装模作样，故做种种丑态，逗得来宾捧腹大笑。然后，等天黑下来，我们所说的舞会就在客厅里开始了。一个穷老头儿弹起三根弦的……我忘记他们管那种琴叫什么了……哦，有点儿像我们的巴拉莱卡琴。姑娘们和小伙子们面对面站成两行，一面拍手，一面唱歌。随后，一个姑娘和一个小伙子走到中央，开始对歌，其余的人一齐帮腔。我和毕巧林坐在贵宾席上，忽然主人的小女儿，一个十六七岁的姑娘，来到他面前，对他唱起……怎么说好呢？……就像是赞美歌。"

"您可记得她唱的是什么？"

"哦，好像是这样：'我们年轻的骑士个个英俊，身上的长袍镶的是银花边，可是年轻的俄罗斯军官比他们更英俊，连身上的饰带也是金的。他在他们中间像一棵挺拔的白杨树，只是这树不在我们的园子里生长和开花。'毕巧林站起来，对她鞠了个躬，把手按在额上和胸口，请我给她回答；我懂他们的语言，就把他的答谢翻译了一遍。

"等她走开后，我小声问毕巧林：'喂，怎么样？'

"美极了，他回答说。'她叫什么名字？'我回答说：'她叫贝拉。'

"确实，她很美：高高的，亭亭玉立，一双黑眼睛像山羚羊的眼睛，水灵灵的，一直看到您灵魂的深处。毕巧林若有所思地一直盯着她，她也常常偷偷地看他。不过，在欣赏这位美丽的郡主的不止毕巧林一个人：另有一双直勾勾、火辣辣的眼睛从角落里注视着她。我定神一看，认出那是我的老相识卡兹比奇。他这个人，说实在的，算不上朋友，也算不上什么冤家对头。他有许多可疑之处，但是从未发现他在哪方面调皮捣蛋。他常常赶着羊到我们要塞里来，卖得很便宜，但从来不肯让价，他要多少，你就得给多少，少一文钱也不行。据说，他喜欢跟山贼一起上库班去，而且，说实话，他真是一副强盗相：个头儿小小的，干瘦干瘦的，肩膀却宽宽的……那股灵活劲儿，灵活得简直像魔鬼！身上的小袄总是破破烂烂的，补丁摞补丁，武器却总是银光闪闪的。他的马在整个卡巴尔达是出了名的——确实，不可能想象有更好的马了。难怪爱马的人都羡慕他，而且不止一次想偷这匹马，只是都没有偷成。那匹马的样子现在好像还在我眼前：浑身漆黑，四条腿笔直，一双眼睛绝不亚于贝拉的眼睛；那力气有多么大呀！一口气跑五十俄里没有事儿；一旦骑熟了，像狗一样跟着主人跑，连主人的声音都知道！这匹马卡兹比奇一向连拴也不用拴。就是这样一匹强盗马！……

“那天晚上，卡兹比奇比任何时候都阴沉，我一看，看出他棉袄里面穿了锁子甲，我心想：‘他不会无缘无故穿锁子甲的，准是打什么主意。’

“屋子里非常闷热，我便到外面换换空气。黑夜已经罩住山山岭岭，峡谷里飘荡起一股股雾气。

“我想到给我们拴马的栅栏里去，看看有没有草料，再说，小心总不会坏事：我的马也是一匹好马，不止一个卡巴尔达人馋巴巴地看着它，说：‘好马。真是好马！’

“我顺着篱笆慢慢走去，忽然听到有说话的声音。有一个声音我立刻听清楚了，那是主人的儿子，浪荡子阿扎玛特；另外一个人说得少，声音也小。我心想：他们在这儿嘀咕什么呀？是不是嘀咕我的马？于是我在篱笆边蹲下来，留神倾听，竭力不漏掉一个字。有时歌声和说话声从屋子里飞出来，淹没我很想听的这两个人的谈话。

“‘你的马真是太好了！’阿扎玛特说。‘我要是能当家，家里有三百匹马的话，我情愿拿出一半来换你的千里马，卡兹比奇！’

“‘哦，是卡兹比奇！’我在心里说，并且想起他的锁子甲。

“‘是啊，’卡兹比奇沉默了一会儿之后，回答说，‘就是跑遍整个卡巴尔达，再也找不到这样的马，有一次，那是在捷列克阿那边，我骑着这马跟山贼一起拦劫俄罗斯马群。那次很不走运，我们只好各自逃命。我后面有四个哥萨克追来。已经听见那几个异教徒在我后面嚷嚷，前面又是一片稠密的树林。我伏在马鞍上，是死是活听凭安拉旨意，而且平生第一次用鞭子狠狠抽了马。这马就像鸟儿一样在枝丛中飞驰，尖利的棘刺撕扯着我的衣服，榆树的枯枝抽打着我的脸。我的马跃过一个个树墩，用胸膛拨开一丛丛树棵子。当时最好是在树林边把马扔下，自己躲到树林里去，可是我舍不得跟马分离——先知果然奖励了我的好心。有几颗子弹嗖嗖地从我头上飞过，我已经听见那几个下了马的哥萨克跟在后面追来……忽然在我面前出现了一条很深的沟，我的好马定了定神，便纵身一跃。马的后蹄到沟那边滑脱了，只靠两条前腿挂着身子。我撒开缰绳，翻滚到沟里，这一下救了我的马：马跃了上去。这一切哥萨克们全看见了，却没有一个下来找我。他们准以为我摔死了。我听到他们一齐跑去逮我的马。我心里又恼又着急，我在密密的草丛中顺着沟往前爬了一会儿，一看：树林到头了，那几个哥萨克骑着马从林里走出来，来到空旷地方。只见我的黑眼睛骏马直冲他们奔来，他们一齐嚷叫着去追它，追了很久很久，其中一个有两次差点儿将套索套到它脖子上。我浑身直打哆嗦，垂下眼睛，做起祷告。过了一会儿，我抬起眼睛，便看到：我的黑眼睛正甩动着尾巴飞跑着，快得像风一样。那几个异教徒在后面骑着疲惫无力的马，一个个在草原上落得远远的。我的真主呀！这是实话，实实在在就是这样！我在沟里一直待到深夜。忽然，阿扎玛特，你猜怎么样？我在黑暗中听到有一匹马在沟边跑，打着响鼻，嘶叫着，马蹄嘚嘚地敲着地面。我听出我的黑眼睛的声音：这是它，我的好伙伴！……打那以后，我们就没有分开过。'

"可以听到，他用手拍着他那骏马的光溜溜的脖子，用种种亲热的名字呼唤着。

"'我要是有一千匹马，'阿扎玛特说，'情愿全部拿出来换你的黑眼睛。'

"'哼，我才不换哩。'卡兹比奇淡淡地回答说。

"'你听我说，卡兹比奇。'阿扎玛特奉承他说，'你是个好人，是个有胆量的男子汉，可是我爹怕俄罗斯人，他不让我到山里去。你把你的马给我吧，不论你要什么，我都可以办到。只要你想要，我可以把我爹最好的步枪或马刀给你偷来——他的马刀可是真正的古里刀：把刀刃往手上一放，就会自动扎进肉里去。像你那样的锁子甲根本不顶事。'

"卡兹比奇没有作声。

"'我第一次看到你的马，'阿扎玛特继续说下去，'当时这马正在你胯下打转转儿，鼓起鼻子蹦来蹦去，蹄下小石子乱飞，我心里就有了一种说不出的感觉，打那以后我对什么都厌烦了。我对我爹那些骏马连看也懒得看，骑着那些马出门，觉得丢脸，我心里好难受呀。我一难受起来，整天整天地坐在悬崖上，时时刻刻想着你这匹铁青色的骏马，好像看到这马漂亮的奔跑姿势，像箭一样直的光溜溜的脊梁，还有一双水灵灵的眼睛一直盯着我，好像有什么话要说。卡兹比奇，你要是不把马卖给我，我就活不成！'阿扎玛特用打哆嗦的声音说。

"我仿佛听见他哭了。可是，说实话，阿扎玛特是个十分倔强的孩子，平时你别想叫他掉一滴眼泪，就连小时候也是这样。

"我仿佛听到，他的眼泪得到的回答是一阵类似笑的声音。

"'你听我说，'阿扎玛特用斩钉截铁的声音说，'我什么事都可以干。你要不要我把我姐姐偷出来给你？她跳舞跳得多好看！唱歌唱得多好听！绣起花来真是妙极了！就连土耳其苏丹也没有这样的老婆……你要不要？明天夜里，你在峡谷里等我，就是有流水的那条峡谷：我要送她到邻村去，从那儿经过——她就是你的了。难道贝拉还抵不上你的千里马吗？'

"卡兹比奇沉默了很久，很久。终于，他小声唱起一支古歌作为回答[①]：

我们村里有许多美丽的姑娘，
眼睛像黑夜的星星一样明亮，
爱上她们如蜜甜，福分不小，
但男子汉的自由比什么都重要。
三个五个老婆黄金可买到，
一匹骏马却是无价之宝，

①请读者原谅我把卡兹比奇唱的歌改写成诗，当时我听到的自然是散文，可是习惯是第二天性。——作者注

骏马驰骋在原野赶得上旋风，

骏马不会变心，也不会骗人。

“阿扎玛特向他苦苦哀求，又是哭，又是奉承，又是发誓，都没有用。末了，卡兹比奇不耐烦地打断他的话说：

“‘滚开，你这浑小子！你哪儿能骑我的马？走不上三步，就会把你摔下来，叫你的后脑勺在石头上撞个粉碎。’

“‘把我摔下来！’阿扎玛特疯狂地叫道，接着就是孩子短剑击打锁子甲的叮当声。一只强有力的手把他推开，他重重地撞倒在篱笆上，撞得篱笆摇晃起来。我心想：‘这下子可就热闹！’于是我急忙跑到马棚里，给我们的马戴上嚼子，牵到后院里。过了两分钟，房子里就闹腾起来。事情是这样的：阿扎玛特穿着撕破的棉袄跑进房里，说，卡兹比奇要杀他。大家一齐奔出来，抓起枪——一下子就热闹起来了。叫声，闹哄声，枪声，可是卡兹比奇已经骑上马，像个魔鬼似的在大街上挥舞着马刀，在人群中转来转去了。我急忙抓住毕巧林的胳膊，说：‘别人玩火，咱们烧身，那犯不着！咱们是不是趁早走掉？’

“‘等一等吧，看看这戏怎样收场。’

“‘收场肯定很糟。这些家伙总是这样：喝足了酒，就要动刀枪！’我们就骑上马跑回家了。”

“卡兹比奇怎么样啦？”我忍不住问上尉。

“这种人会怎样！”他又喝了两口茶，回答说，“他溜了。”

“没受伤吗？”我问。

“天知道他是不是受了伤！强盗嘛，是不容易死的！我就亲眼见过另外几个这样的家伙，比如，有一个家伙浑身被刺刀扎得像筛子一样，可还是一个劲儿地挥舞马刀。"上尉沉默了一会儿之后，跺了跺脚，又说下去：

"有一件事我永远不能原谅自己。真是鬼迷心窍，我一回到要塞里，就把我蹲在篱笆后面听到的话全讲给毕巧林听了。他笑了笑——这家伙真鬼！——心里却打起主意。"

"怎么一回事儿呀？请您就讲讲吧。"

"没法子了！既然讲开了头，那就得讲下去。

"过了三四天，阿扎玛特骑着马来到要塞里。他照常来找毕巧林，毕巧林总是给他弄些好吃的东西。我当时也在座。大家谈起马来，毕巧林就称赞起卡兹比奇的马，说那马跑得多么快，样子多么漂亮，简直像羚羊——照他的话说，这样的马全世界真的再也没有了。

"这鞑靼小子的眼睛亮了起来，毕巧林却似乎没有注意。我一谈起别的事，可是他，毫不怠慢，立刻就把话题拉回到卡兹比奇的马上来。阿扎玛特每次来，都是这一套。过了三四个星期，我就发现，阿扎玛特脸上血色没有了，憔悴了，就像多情的人害了相思病。多么奇怪的事儿呀！……

"说实话，整个这一套把戏是我后来才知道的。当时毕巧林拼命逗他，使他恨不得投河寻死。有一次，毕巧林就对他说了：'阿扎玛特，我看出来，你非常喜欢那匹马。可是你看不到它，就像看不到自己的后脑勺一样！那你就说吧，要是有谁把那马送给你，你拿什么给人家？……'

"'随便要什么都行。'阿扎玛特回答说。

“‘要是这样的话，我可以把那匹马给你弄到手，不过有一个条件……你要起誓保证办到……’

“‘我起誓……你也起个誓吧！’

“‘好的！我起誓，一定给你弄到那匹马；不过交换条件是，你得把你姐姐贝拉送给我，黑眼睛就算是娶她的聘礼。我想，你在这笔交易中是很占便宜的。’

“阿扎玛特没有作声。

“‘不愿意吗？好，那就听便吧！我还以为你是个男子汉呢，谁知你还是个小娃子：你想骑马还早着呢……’

“阿扎玛特的脸唰地红了。‘而我爹呢？’他说。

“‘难道他永远不出门吗？’

“‘是的……’

“‘同意吗？……’

“‘同意。’脸白得像死人一样的阿扎玛特小声说。‘什么时候呢？’

“‘就在卡兹比奇下次到这儿来的时候。他说好要赶十只公羊来。其余的都是我的事。可是要当心，阿扎玛持！’

“这事他们就这样讲定了……说实话，这事儿可不好！后来我对毕巧林说起这话，他却回答我说，一个契尔克斯蛮女子有一个像他这样的好丈夫，应该算很有福气的了，因为在他们来说，他总还是她的丈夫。至于卡兹比奇，是个强盗，应该得到报应。您想想看，我又能怎样反驳他呢？……不过那时候我一点也不知道他们的密谋。嗯，有一天，卡兹比奇来了，问我们要不要公羊和蜂蜜。我叫他第二天送来。‘阿扎玛特！’毕巧林说，‘明天黑眼睛就

在我手里了！要是今天夜里在这儿见不到贝拉，你就休想见到马了……'

"'好的！'阿扎玛特说完，便朝村子里奔去。天一黑，毕巧林就全副武装，骑马出了要塞。这事儿他们是怎样干成的，我不知道。他们两个到夜里才回来，哨兵看到阿扎玛特的马鞍上横放着一个女子，手脚都捆绑着，头上裹着纱巾。"

"那么马呢？"我问上尉。

"别急，这就说到了。第二天一早，卡兹比奇就骑马来到，赶了十只公羊来卖。他把马拴在篱笆边，便走进我的屋里来。我煮了茶招待他，他虽然是强盗，但也是我的朋友。

"我们聊起来，东扯西拉……忽然我看到，卡兹比奇打起哆嗦，脸色也变了，并且一下子冲到窗口。可惜那窗子是对着后院的。'你怎么啦？'我问。

"'我的马呀！……马呀！'他浑身打着哆嗦说。

"真的，我听到嘚嘚的马蹄声。'这准是哪一个哥萨克骑马来了……'

"'不是！俄罗斯人坏，坏透了！'他大叫起来，并且像只雪豹似的腾身跃了出去。三蹦两跳就到了院子里。到了要塞门口，哨兵用枪拦住他的去路。他从枪上蹦过去，便顺着大路狂奔起来……远处尘土飞扬——是阿扎玛特骑着骏马黑眼睛在飞跑。卡兹比奇一面跑，一面从套子里抽出抢来，打了一枪。有一分钟左右，他站着一动也不动，直到他认定了没有打中。然后，他尖叫一声，把枪往石头上一摔，砸个粉碎，自己一下子扑倒在地上，像个孩子一样号啕大哭起来……要塞里的人纷纷来到他周围，他却谁也不理睬。大家站了一会儿,议论了一阵子,就回要塞了。我叫人把买羊的钱放在他身边,他连动也不动,只是脸朝下躺着,像个死人一般。您信不信,他就这样一直躺到深夜,躺了一个通宵?……到了第二天早晨,他才来到要塞里,打听盗马人姓甚名谁。一名哨兵看见阿扎玛特解下马,骑上马跑掉的,认为无须隐瞒,就照实说了。卡兹比奇一听到说出的名字,眼睛亮了,就朝阿扎玛特父亲住的村子奔去。"

"他父亲究竟怎样呢?"

"问题就在这儿嘛,卡兹比奇没有找到他。他出门了,要在外面待五六天,要不然阿扎玛特怎么能把姐姐掳走呢?

"老头子回到家来,女儿和儿子都不见了。阿扎玛特是个机灵小子,他明白,如果不跑掉,性命是保不住的。所以从此就失踪了。准也投奔哪一帮山贼入了伙,而且在捷列克河或者库班那边送了命:这也是活该!……

"说实话,这事儿也使我伤了不少脑筋。我一听说那契尔克斯姑娘在毕巧林那儿,就戴起肩章,挂上佩剑,前去找他。

"他躺在外屋的床上,一只手垫在脑后,另一只手拿着熄灭的烟斗。里屋的门挂着锁,锁上没有钥匙。这一切我一眼就看清楚了。我咳嗽几声,又用靴后跟在门槛上吧吧踩了两下,可是他装作没有听见。

"'准尉先生!'我尽量摆出严厉的神气说,'难道您没有看见我到您这儿来了吗?'

"'哦,您好,马克西姆·马克西梅奇!要不要抽烟?'他回答说,身子却连抬也没抬。

“‘对不起！我不是马克西姆·马克西梅奇，我是上尉。’

“‘那都是一样。您不喝茶吗？您可知道，我真烦神烦透了！’

“‘我全知道。’我说着，走到床跟前。

“‘那更好，我没有心思讲。’

“‘准尉先生，您做的事可不太好，连我都可能要承担责任……’

“‘得了吧！有什么大不了的？再说，咱们早就彼此彼此了。’

“‘开什么玩笑？把您的佩剑交出来！’

“‘米齐卡，把剑拿来！……’

“米齐卡把剑拿来了。我尽了我的责任之后，便挨着他在床上坐下来，说：‘听我说，格里高利·亚历山大罗维奇，你得承认，这事儿很不好。’

“‘什么事儿不好？’

“‘就是你把贝拉弄了来嘛……阿扎玛特这小子实在太坏了！……嗯，你得承认。’我对他说。

“‘要是我喜欢她呢？……’

“瞧，叫我拿什么回答他呢？我无话可说了。不过，沉默了一会儿之后，我又对他说，如果她父亲来要人的话，还是应该把她交出去。

“‘完全没必要！’

“‘要是他知道她在这儿呢？’

“‘他怎么会知道？’

“我又无话可说了。毕巧林欠起身子，说：‘马克西姆·马克西梅奇,您听我说！您可是个好心人,要知道,如果咱们把贝拉交给这蛮子,他不把她杀了,也会把她卖掉。事情既然做了,就不能任意把事情弄坏。让她留在我这儿,我的剑就留在您那儿吧……'

"'那您让我看看她吧。'我说。

"'她就在这里面。就是我想看看她,今天也没看到呢。她蒙着头坐在角落里,不说话也不抬眼睛,怯生生的像只野羚羊。我雇来了小酒馆的老板娘,她懂得鞑靼话,由她服侍她,开导她,让她明白,她是我的,因为除了我,她不属于任何人。'他用拳头在桌子上一擂,说出最后一句。就连这话我也同意了……有什么法子呢？有一种人,不赞同他的主意不行。"

"怎么样?"我问马克西姆·马克西梅奇。"他当真使她顺从了,还是她因为失去自由,因为日夜想念家乡,变得憔悴不堪了?"

"得了吧,想念什么家乡呀？在村子里看得见的那些山山岭岭,在要塞里也能看得见——那些蛮子再也不需要什么了。再说,毕巧林天天都要送她一些东西。开头几天她不开口,傲慢地把礼物推开,于是东西便落到老板娘手里,老板娘也就更起劲地施展口才了。唉,礼物呀礼物！为了一块花布,女人什么事干不出来呀！……噢,这就不必说了……毕巧林在她身上下了很大功夫。在这段时间里,他学会了鞑靼话,她也多少懂得我们的话了。她渐渐地敢看他了,开头是偷偷地,斜着眼睛看,而且一直带着忧郁的神气,小声哼着歌儿,有时我在隔壁屋子里听到了,都觉得很难受。我永远忘不了的是这样一个场面:我从那儿经过,往窗子里一望,只见贝拉垂着头坐在炕上,毕巧林站在她面前。'你听我说,我的天使,'毕巧林说,'你也知道,你或早或晚都是我的了,干吗还要让我难受呢?你是不是爱着哪一个车臣小伙子?要是那样的话,我马上就放你回家去。'她的身子微微哆嗦了一下,并且摇了摇头。他又说:'是不是你恨透了我?'她叹了一口气。'还是你信的教不允许你爱我?'她的脸一下子白了,一句话也没有说。'你要相信我,各民族的真主都是一个,既然真主允许我爱你,怎么会不允许你也爱我呢?'她凝神望着他的脸,似乎被这话打动了,她的眼睛里流露出怀疑而又很愿意相信的神气。那是一双什么样的眼睛呀!亮闪闪的,就像两块燃烧的煤炭。

"'你听我说,亲爱的,我的好贝拉!'毕巧林又说起来,'你也看出来,我是多么爱你,我什么都愿意牺牲,只要能让你高兴,我希望你幸福,你要是再这样忧愁下去,那我只有死了。你说,你能高兴高兴吗?'她沉思起来,那双乌溜溜的眼睛一直盯着他,然后嫣然一笑,并且点头表示同意。他握住她的手,要她吻吻他;她轻轻推却着,只是一遍又一遍说:'请别这样,请别这样。'他纠缠起她来。她打起哆嗦,哭了起来。'我落在你手里,'她说,'我就是你的奴隶,当然,你可以强迫我。'说着又哭了。

"毕巧林用拳头擂了一下自己的脑袋,便奔到另一间屋子里。我也走了进去。他抄着手闷闷不乐地前前后后踱着。我问他:'怎么样,老弟?'他回答说:'简直是个魔鬼,不是女人。不过我可以向您保证,她一定是我的……'我摇摇头。'您愿意打赌吗?'他说,'过一个星期就行了!''好吧!'我们互相击了一下掌,就走开了。

"第二天他就派专人到基兹利亚尔去买东西。买回来各种各样的波斯料子，多得数也数不清。

“他把买回的东西给我看，对我说：‘马克西姆·马克西梅奇，您看怎么样，亚细亚美人儿抵挡得住这样的排炮吗？’我回答说：‘您不了解契尔克斯女子，她们不像格鲁吉亚女子或者外高加索的鞑靼女子，一点也不像。她们有她们的规矩，她们受的教养不一样。’毕巧林笑了笑，吹起口哨。

“果然不出我所料，礼物只起了一半作用：她变得亲切些了，不那么疑虑重重了，但也不过如此。于是毕巧林决定使出最后一招。有一天早晨，他叫人备好马，自己穿起契尔克斯服装，带上武器，走进她的屋子。‘贝拉！’他开口说，‘你也知道我多么爱你。我当初决意把你弄出来，满以为等你了解了我以后，会爱我的。我错了。那就再见吧！我所有的一切，都归你，由你处置，如果你愿意，你就回到你父亲那儿去吧，你是自由的。我对不起你，我应该惩罚自己，再见吧！至于我上哪儿去，连我自己也不知道！也许，不用多久就会尝到子弹和马刀的滋味，到那时候你要想起我，原谅我。’他转过身子，伸出手向她告别。她没有握他的手，没有作声。我站在门外，但从门缝里可以看清她的脸：那张可爱的脸儿像死人一样煞白煞白的，我看着都觉得心疼起来。毕巧林没有听到回答，就朝门口走了几步；他浑身哆嗦着——谁知道是怎么一回事儿呢？——我以为他当真会照他说着玩儿的话去做呢，他这人就是这样，真是天知道。可是他刚刚挨到门，她就跳起来，哇的一声哭出来，一下子扑上去搂住他的脖子——您也许不相信，我当时站在门外，也哭了，嗯，也不是哭，而是有点儿那个……唉，不说吧！……”

上尉沉默起来。

“是啊，不瞒您说，”过了一会儿，上尉捋着胡子说，“我当时是感到难过，从来没有一个女人这样爱过我呢。”

“他们的幸福很长久吗?”我问道。

“是啊，她坦率地对我们说过，自从看见毕巧林那一天起，就常常在梦里看到他，还从来没有一个男人使她产生这样的印象。是啊，他们很幸福!”

“这多么乏味呀!”我不由得叫起来。真的，我以为准会有一个悲剧结局呢，这一下却使我大失所望! ……“难道她父亲没有猜想到她在你们要塞里吗?”我又问道。

“也许他想到了。可是过了几天，我们就听说老头子被杀了。是这么一回事儿……”

我的劲头儿又来了。

“应该说，卡兹比奇准以为阿扎玛特是得到父亲的同意才偷他的马的，至少我认为是这样。有一天，他就在离村子有三俄里的地方，在路旁守候着。老头子出去找女儿没找到，回家来了，他的随从人马都落在后面——当时已经是黄昏时候——他心事重重地骑马慢慢走着。卡兹比奇像一只猫似的从树丛后面窜出来，从他背后跳上他的马，一剑把他捅下马来，抓起缰绳，一溜烟跑了。有几个随从在山包上全看到了，他们一齐放马追赶，可是没有追上。”

“他是为丢了马寻找点补偿，报了仇。”我想引上尉说出他的看法，就说道。

“当然，依他们看，”上尉说，“他做得是很对的。”

我不由得感到惊讶，觉得俄罗斯人真能适应所在地的民族的风俗习惯。我不知道，这种思想特点应该受到指责还是赞美，但这足以证明俄罗斯人具有难以置信的灵活性和清醒明智的理性，所以不论到哪里，见到罪恶无可避免或无法消除，就加以谅解。

这时茶喝完了，早已套好的马在雪地里冻得打哆嗦，月亮在西方渐渐暗淡，眼看要沉入像撕碎的帷幕一般挂在远处峰峦之上的乌云里去，我们从石头房子里走了出来。跟我的旅伴的预言相反，天气晴朗了，看样子我们会有一个宁静无风的早晨。环舞的群星像美妙的花边似的交织在遥远的天际，随着东方朦胧的曙光在暗紫色的苍穹逐渐扩展，渐渐照亮白雪皑皑的陡峭山坡，星星一个一个地消失。左边和右边阴森而神秘的深谷黑黝黝的，夜雾像蛇一样缭绕、弯弯曲曲游动着，顺着附近一条条山岩朝深谷里爬去，仿佛感到并且害怕白天的来临。

空中和地上都十分宁静，就像晨祷时人的心境，只是偶尔从东方吹来一阵凉风，吹拂着挂了白霜的马鬃。我们上路了。五匹瘦马吃力地拉着我们的大车顺着弯弯曲曲的山路往古得山上爬，我们步行跟在后面，每当马拉得没有了劲儿的时候，我们就拿石头垫住车轮。这条路仿佛一直通到天上，因为放眼望去，这条路一直在往上去，到末了，钻进一片白云里，那片白云从黄昏时候就歇在古得山顶上，好像一只守候着猎物的老鹰。雪在我们脚下咯吱咯吱响着。空气非常稀薄了，连呼吸都很困难，血一阵一阵地往头上冲。尽管这样，有一种畅快感传遍我周身的血管，我这样高高地在世界之上，心里不知道为什么非常快活。不用说，这是一种孩子气的心情，但是，当我们远离尘世而接近大自然时，就不由得变成孩子，名利从心灵中消失，心灵恢复本来的状态和有朝一日准会重新出现的那种状态。谁要是像我一样漫游过荒无人烟的山岭，欣赏过那千姿百态的山岩很久很久，如饥似渴地吞吸过弥漫在峡谷间的清新空气，谁就自然会理解我为什么一心要把这些令人心醉神迷的景色介绍、叙述、描绘一番。啊，我们终于爬上古得山顶，便停下来，朝四下里眺望：山顶上空挂着一片灰云，灰云散发着一阵阵阴冷气息，预示暴风雨就要来临；但东方依然十分晴朗，一片金黄，以至于使我们，也就是我和上尉，完全忘记了那一片灰云……是的，连上尉也忘记了。普通人的心灵对于大自然的雄伟壮丽的感受，那是比我们这些舞文弄墨、炫耀口才的人强烈百倍、敏锐百倍的。

"我想，您对这样的壮丽景色早就习惯了吧？"我问他。

"是啊，就是对子弹的啸声也是能习惯的，也就是说，习惯于掩盖不由自主的心跳。"

"我听说，恰恰相反，有些老战士还觉得这种音乐很动听呢。"

"当然，您要说动听，那也是动听的；不过那也是因为心跳得厉害些罢了。您瞧，"他指着东方说，"多么好的地方！"

真的，这样的景色恐怕到哪儿也看不到：在我们下方是科叔尔谷地，阿拉格瓦河和另外一条小河像两条银线似的从谷地上穿过；淡蓝色的晨雾在谷地上飘飘荡荡，缓缓进入附近的峡谷，躲避温暖的晨光；左边和右边是一条条山脊，一条比一条高，纵横交错，绵延不断，覆盖着皑皑白雪和灌木；远方也都是山，山都是山，但形状各异，千姿百态，而所有的积雪都闪耀着绯红的色彩，喜气洋洋,光辉四溢,就好像这永远是冰雪长存久安的世界;太阳刚刚从一条暗蓝色的山岭后面露出脸儿,只有见惯的眼睛才能看出那是山岭,不是阴云,不过太阳之上有血红色的一片,引起我的旅伴特别的注意。"我对您说过嘛,"他叫起来,"今天有大风雪。要快点儿赶路,要不然咱们会在十字架山上遇到大风雪。快走!"他对车夫吆喝道。

车夫把铁链捆到车轮上代替刹车闸,免得车轮打滑,抓住马笼头,便开始下坡。右边是悬崖,左边是深谷,很深很深,谷底一个奥塞梯人的村庄似乎成了一个小小的燕子窝。我一想到在这条两辆马车都无法错车的山路上,一个驿车夫每年总得有十来次坐着他的东颠西歪的马车深夜从这儿经过,不禁打了个寒噤。我们的车夫有一个是俄罗斯的雅罗斯拉夫汉子,另外一个是奥塞梯人。这个奥塞梯人事先就卸下两匹拉套的马,小心翼翼地拉着辕马的笼头走着;我们那个大大咧咧的俄罗斯老乡甚至都没有爬下驭座!我对他说,至少也要为我的箱子操操心呀,我可不愿意爬到谷底去捡皮箱。他却回答我说:"唉呀,老爷!上帝保佑,他们能走到,咱们也能走到:咱们这又不是头一回走。"他说得不错,看样子我们真会走不到的,结果还是走到了,而且如果人人都能多思索思索的话,就会认识到,生命并不值得这样时刻担心。

不过,诸位很想知道贝拉的故事的结局吧?首先要说明,我写的不是小说,而是旅途笔记,所以,在上尉实际上未开始往下讲之前,我不能抢先写他怎样讲。那么,就请诸位等一等,或者,翻过几页去看,不过,我奉劝诸位不要这样,因为,翻越十字架山(或者如学者刚巴所称呼的"圣十字架山")是很值得诸位关心的。且说，我们下了古得山，进入契尔托夫谷地……哦，这真是一个带有浪漫意味的名字！诸位准以为这是万丈悬崖夹峙的鬼窟——才不是这么一回事儿呢。契尔托夫谷地不是根据“巧尔特”（鬼）一词得名，而是根据“契尔塔”（边界）一词得名的，因为这里原是格鲁吉亚的边界。这谷地积满了雪，很像萨拉托夫、唐波夫和我们祖国其他一些可爱的地方。

“这就是十字架山！”我们一进入契尔托夫谷地，上尉就指着一座覆盖着一层白雪的小山说。小山顶上有一个石头十字架黑魆魆的，十字架旁边有一条隐约可辨的路，那是在山旁边的路被大雪埋住时行人才走的。我们的车夫说，现在还没有雪崩，所以，为了爱惜马匹，就绕着山走。我们在拐弯的地方遇到五六个奥塞梯人。他们表示愿为我们效劳，于是把住车轮，一面吆喝着，一面又推又扶，保护着马车往前走。这道路确实很危险：右边，在我们头顶上悬着大堆大堆的积雪，看架势，只要风一吹，就会崩落到峡谷里来；狭窄的道路有一部分覆盖着雪，有些地方脚一踩就陷下去，有些地方由于白天日晒和夜晚严寒结成了冰，所以人走起来就很吃力，马走起来更是跌跌撞撞的；左边是一条闪着亮光的很深的裂罅，有山泉从其中流过，那流水时而躲藏到冰壳子底下，时而在黑黑的石头上跳跃，泛起一团团白沫。我们花了两个钟头，才好不容易绕过十字架山——两俄里竟走了两个钟头！这时候，乌云低垂下来，下起了冰雹和雪；风往峡谷里直灌，像夜莺大盗那样，又吼叫，又呼啸；一会儿，石头十字架就隐没在像波浪似的从东方滚滚而来、一阵比一阵更浓的云雾中……顺便说说，关于这十字架有一个奇怪然而十分流行的传说，说这是彼得大帝路过高加索时竖立的。可是,第一,彼得大帝只到过达吉斯坦;第二,十字架上明明用大字写着,这是奉叶尔莫洛夫将军之命建立的,时间是一八二四年。尽管有文字为证,传说却根深蒂固,真不知应该相信什么才好,何况我们一向不喜欢相信文字记载。

我们还得在结了冰凌的石头和泞滑的雪地上走五六俄里,才能到达科比驿站。马已经筋疲力尽,我们也冻得直打战。风雪吼叫得越来越厉害,就像我们家乡的、北方的风雪,只是那疯狂的吼声更加凄厉,更加悲怆。我在心里说:“你这个被放逐者,痛哭思念你那辽阔无垠的草原了! 在那里你可以尽情舒展你的寒冷的翅膀,可是在这里,你受到束缚,憋得难受,好像关在笼中的鹰,声嘶力竭地叫着拼命撞击铁笼格子了。”

“糟了!”上尉说,“您瞧,四下里什么也看不见,只有雾和雪了,弄不好咱们会跌到山沟里或者掉进深窟里去,下面的拜达拉河恐怕也涨了水,过不去了。亚细亚就是够人受的! 人也罢,河也罢——什么也靠不住!”车夫们不住地鞭打马匹,又吆喝又骂,但不管鞭子响得多么带劲儿,马只是打着响鼻,四蹄抵住地面,死活不肯移动一步。终于,有一个车夫说:“老爷,今天咱们到不了科比了,趁现在还不晚,是不是往左拐,您看行吗? 那边斜坡上有什么东西黑乎乎的,想必是房子,过路人遇到坏天气常常在那儿落脚的。他们说,您要是赏几十酒钱,他们可以带路。”他指着奥塞梯人补充说。

“知道,伙计,你不说我也知道,”上尉说,“这些家伙够人受的! 就喜欢找机会敲几个酒钱。”

“不过,说实在的,”我说,“要是没有他们,咱们会更糟。”

“还不是一样，还不是一样，”上尉嘟哝说，“这些带路的真够呛！他们闻得出哪儿可以捞一把，好像没有他们，就找不到路了。”

于是我们就拐向左边走，又折腾了很久，好不容易才来到总共有两间屋子的简陋的歇脚处。屋子是用石板和圆石砌成的，包围着同样的石墙。衣衫褴褛的主人一家亲热地接待我们。后来我才知道，是政府供养他们，讲定由他们接待遭遇暴风雪的旅人的。“一切都平安无事了！”我在火边坐下来之后，说道，“现在请您把贝拉的故事给我讲完吧，我相信，这还没有完。”

“您为什么这样想呢？”上尉诡秘地笑着，挤着眼睛回答我说。

“因为这不合乎情理。开头不寻常的事，结局也一定不寻常。”

“算您猜对了……”

“我很高兴。”

“您高兴倒是不错，可是我一想起来，实在伤心呀。这个贝拉呀，真是一个好姑娘！到后来，我跟她相处惯了，拿她当女儿看待，她也很喜欢我。我得告诉您，我没有家，父母音讯全无，有十二三年了。至于讨老婆，以前连想也没想过，如今呢，您也明白，那就很不相宜了，所以有人让我疼，我很高兴。她常常给我们唱歌，或者跳列兹金卡舞……她的舞跳得多么好呀！我见过我们省城的小姐，有一次我在莫斯科还到过贵族俱乐部，那是在二十年前了——她们哪儿能比呀！根本不是那么一回事儿！……毕巧林把贝拉打扮得花枝招展，照料，爱护，无微不至，所以她在我们那儿变得更美，像仙女一样了。晒黑的脸和胳膊变白了，两腮红扑扑的……她是那么快活，而且老是拿我开玩笑，这淘气丫头……我自然也不计较……”

“等你们把她父亲死的事告诉她，又怎么样呢？”

“这事我们瞒了她好一阵子，直到她在我们那儿处惯了，安下心来。等我们告诉她，她哭了两三天，后来也就淡忘了。

“有四五个月过得好极了。我好像已经说过，毕巧林一向非常喜欢打猎，以前他老是到树林子里去打野猪或者山羊，现在他连要塞围墙外面都不去了。可是，后来有一次，我看到，他又把双手抄在背后，在屋子里踱来踱去，想起心事。终于有一天，他对谁也不说一声，就打猎去了，整个上午都不见他的影子。一次，又一次，出去越来越勤了……我心想：不妙，他们之间准是出了什么事儿！

“有一天早晨我去看他们——那情景现在如在眼前：贝拉坐在床上，穿着黑绸外衣，脸色煞白煞白的，一副悲伤的神情，使我吓了一跳。

“‘毕巧林在哪儿？’我问。

“‘打猎去了。’

“‘今天去的吗？’……她不作声，似乎很难出口。

“‘不，还是昨天出去的。’她终于深深地叹了一口气说。

“‘他不会出什么事儿吧？’

“‘昨天一整天我想呀，想呀，’她含着眼泪说，‘我想到各种各样不好的事儿：一会儿好像他被野猪咬伤了，一会儿好像他被车臣人掳到山里去了……可是今天我觉得是他不爱我了。’

"'好姑娘,真的,你这是胡思乱想到哪儿去了!'她哭起来,后来她高傲地昂起头,擦干眼泪,又说下去:

"'他要是不爱我了,谁又不让他把我送回家去呢?我又不强求他。要是再这样下去,那我就自己走好啦。我不是他的奴仆,我是王爷的女儿!……'

"我劝说起她来:'你听我说,贝拉,总不能要他天天坐在家里,像钉在你的裙子上那样。他是个年轻人,喜欢出去打打野味,出去跑跑就会回来的。你要是愁眉苦脸的,那他很快就厌烦你了。'

"'是的,是的!'她回答说,'我要快活起来。'于是她哈哈大笑着拿起自己的铃鼓,又是唱歌又是跳舞,在我身旁跳来跳去。只不过没有快活多久,她又倒在床上,双手捂住脸。

"我对她有什么办法呢?您知道,我从来没有跟女人打过交道。我想来想去,想法子安慰她,可是什么法子也想不出来。有好一阵子我们两个都默默地待着……那局面真难受呀!

"终于,我对她说:'咱们到围墙上去走走,好吗?天气真好极了!'这是在九月里。确实天气好极了,又晴朗,又不热,一座座山清楚得像在面前的碟子里。我们走出来,在要塞的围墙上来来回回踱了一会儿,又一声不响地往前走。后来她坐到草地上,我也挨着她坐下来。哦,想起来实在好笑:我跟着她跑来跑去,就像一个保姆。

"我们的要塞在很高的地方,从围墙上望去,风景好极了:一边是旷野,有几条冲沟穿过,尽头处是树林,树林一直伸展到山脊。旷野上有几个村庄冒着炊烟,马群来来往往;另一边是一条奔腾的小河，紧接着小河的是稠密的灌木丛，灌木丛覆盖之下是一座座岩石丘岗，连接着高加索的主脉。我们坐在棱堡的角上，所以两边的一切都能看得清清楚楚。我忽然看到：有一个人骑一匹灰马从树林里出来，越来越近，终于在河那边离我们一百丈左右的地方停住，并且像疯子似的让马打起转转儿。何等怪事呀！……'你好好看看，贝拉，'我说，'你眼力好，看看那骑马的是怎么一回事儿：他这是要把戏给谁看？……'

"她一看，就叫了起来：'是卡兹比奇……'

"'啊，是他这个强盗！是不是来拿我们开玩笑的？'

"我定神一看，真的是卡兹比奇，还是那一张黑黑的脸，还是像往常一样穿得又破又脏。'那是我爹的马。'贝拉抓住我的手说，她浑身抖得像树叶一样，眼睛闪闪发亮。我心想：'啊哈，鬼丫头，你身上也流着强盗的血呢！'

"'你过来，'我对哨兵说，'把枪检查检查，把那个家伙给我打下马来，我赏你一个银卢布。''是，长官。可是他不肯站住……'我笑着说：'你叫他站住嘛！'……哨兵就向他招手，喊道：'慢，伙计！你等一下，干吗老是像陀螺似的打转转儿？'卡兹比奇真的站定了，留神听起来。他准以为有什么事要跟他谈谈呢——才不是哩！……我的枪手端起枪……叭！……没有打中——火药在药池里一闪，卡兹比奇就把马一夹，马就跳开了。他在马镫上站起身来，用他们的话嚷嚷了两句，拿鞭子吓唬了两下，就一溜烟跑掉了。

"'你怎么不害臊呀！'我对哨兵说。

"'长官！他是去慢慢死，'他回答说，'这种可恶的家伙，一

下子是打不死的。’

“过了有一刻钟，毕巧林打猎回来了。贝拉扑上去搂住他的脖子，既不埋怨，也不责备他出去这么久……连我都对他十分生气。‘唉，您呀，您呀！’我说。‘刚才卡兹比奇来了，就在河那边，我们朝他开过枪。哼，您不是很容易碰上他吗？这些山民都是有仇必报的家伙。您以为他不会想到阿扎玛特干的事也有您的份儿吗？我敢打赌，今天他认出贝拉来了。我知道，他一年前非常喜欢贝拉，他亲口对我说过，要是有法子备办一份像样的聘礼，他一定去求婚的……’毕巧林听了，沉思起来。‘是的，’他回答说，‘是得小心点儿……贝拉，从今天起，你不能再到要塞的围墙上去了。’

“那天晚上我跟他作了一次长谈，我很恼火，因为他对这个可怜的姑娘变了心！而且，他把一半时间花费在打猎上，他的态度冷淡了，难得跟她亲热，所以她明显地渐渐憔悴了，脸儿变长了，一双大眼睛没有神了。有时，我问她：‘你叹什么气呀，贝拉？你伤心吗？’——‘不！’——‘你要什么吗？’——‘不！’——‘你想念亲人吗？’——‘我没有亲人。’往往整天除了‘是’和‘不’以外，从她嘴里什么话也问不出来。

“我于是跟他谈起这事。‘您听我说，马克西姆·马克西梅奇，’他回答说，‘我有一种很不好的性格，这是教育使我养成的，还是上帝造就的，我不知道。我只知道，如果我造成别人的不幸，那我自己不幸的程度也不亚于别人。当然，这对别人并不是什么安慰，不过，事实就是如此，在我青春年少的时候，自从我离开父母照管那时候起，我就开始纵情享受一切可以用金钱买到的欢乐，不用说，这些欢乐也使我烦腻了。后来我进入上流社会，上流社会很快也使我厌烦了。我爱过上流社会的美女，她们也爱过我，可是她们的爱情只能使我想入非非和自负，我的心依然是空虚的……我开始读书，做学问，不久我也讨厌了做学问。我看出来，荣华富贵都跟学问毫无关系，因为最走红的人都是一些不学无术的家伙，升了官，就荣耀，而要升官，只要八面玲珑就行。于是我感到苦闷了……不久我被调到高加索，这是我一生中最幸福的时光。我本来希望，在车臣人的子弹啸声中不会再感到苦闷，可是希望落空了，过了一个月，我对子弹啸声和死神的临近就完全习惯了，说实话，还不如对蚊子的嗡嗡声注意多呢——所以我比以前更苦闷了，因为我丧失了几乎是最后一点希望。当我在自己屋子里看到贝拉，当我第一次把她抱在膝上，吻着她那乌黑的鬈发时，我这个傻瓜，还以为她是命运之神大发慈悲给我送来的天使呢……我又错了：蛮女的爱情比贵妇、小姐的爱情好不了多少，蛮女的单纯无知也跟贵族女子的卖弄风情一样使人讨厌。如果您希望我爱她，我还可以再爱她，我感谢她给我带来过几许非常甜蜜的时刻，我可以为她献出生命，不过我跟她在一起感到苦闷……我是一个傻瓜，还是一个坏蛋，我不知道。但有一点是肯定的，那就是我也很可怜，也许比她更可怜。我的灵魂已被上流社会败坏，思想飘浮不定，我的心贪得无厌，什么都不能使我满足。我对悲伤就像对欢乐一样容易习惯，我的生活一天比一天空虚，我只剩下一个办法：旅行。只要一有机会，我就动身——只是千万别去欧洲！——我要去美洲，去阿拉伯，去印度——说不定在哪儿会死在半路上！至少，我可以肯定，因为风吹雨打，旅途艰辛,这最后一点安慰不会很快成为过去。'——他就这样说了很久,他的话深深扎在我的心里,因为我这是第一次从一个二十五岁的人嘴里听到这样的话,但愿这也是最后一次……真是何等怪事!请您说说看,"上尉转身对我说,"您好像在京城里待过,而且才离开不久,难道那儿的年轻人都是这样吗?"

我回答说,有很多人都说这样的话,有一些人说的也许是真心话,不过,绝望的情绪好像一切时髦的衣衫,出自社会上层,然后就传到下层,下层便照穿不误。如今最苦闷和真正感到苦闷的人倒是竭力掩饰这种不幸,就像掩饰过错一样……上尉不了解这些奥妙,摇了摇头,俏皮地笑了笑,说:

"苦闷这种时髦玩意儿恐怕都是法国人传进来的吧?"

"不,是英国人。"

"啊哈,是这么一回事儿呀!……"他回答说,"他们本来不就是一些不可救药的酒鬼吗?"

我不禁想起莫斯科的一位贵夫人,她硬是说,拜伦不过是一个酒鬼。不过,上尉这样说是情有可原的,为了戒酒,他当然竭力使自己相信,世界上一切不幸都是来自酗酒。

这时,他又继续讲他的故事:

"卡兹比奇没有再露面。可是不知为什么我头脑里总是摆脱不掉一个念头:他不是无缘无故来的,他是在打什么坏主意。

"有一天,毕巧林劝我跟他一起去打野猪,我推托了半天,真的,野猪对我算什么稀罕玩意儿!然而他还是把我拖了去。我们带上五六名士兵,一大早就出门了。我们在芦苇丛和树林里钻来钻去,直到10点钟,还没见到一只野物。'喂,咱们是不是回去呀?'我说,'干吗非要不死心?今天就不是一个好日子嘛。'可是毕巧林呀,尽管又热又累,就是不愿意空手回去。这个人就是这样:想怎样,就得依着他,显然是小时候妈妈把他惯坏了。到中午时候,终于找到一只倒霉的野猪……砰!砰!没门儿,野猪跑进了芦苇……就是这样一个不走运的日子嘛!……于是我们多少歇了一会儿,就动身往家走。

"我们松了缰绳,一声不响地并排走着,已经快要到要塞了,只是稠密的灌木丛将要塞遮住,我们还没有看见。忽然一声枪响……我们互相看了一眼,我们猜想到同一件事儿,不禁大吃一惊,立刻纵马朝枪声响的地方奔去,一看:围墙上有许多士兵堆成一堆,朝田野上指着,田野上有一个人骑马飞跑,将一样白白的东西按在马鞍上。毕巧林尖叫起来,嗓门儿不亚于任何车臣人,从套子里抽出枪,便追了过去,我也跟着他追去。

"多亏打猎不顺利,我们的马没有累坏,跑起来非常带劲儿,所以我们越来越接近了……终于,我认出了卡兹比奇,但是看不出他按在马鞍上的是什么。这时我跟毕巧林跑齐了,高声对他说:'这是卡兹比奇!'他看了看我,点了点头,照马抽了一鞭。

"终于,他已经在我们的射程之内了。不知卡兹比奇的马是累坏了,还是没有我们的马好,反正不管他怎样想方设法,那马还是跑不快。我心想,这会儿他该想起他的黑眼睛了……

"我看到:毕巧林一面纵马飞跑,一面端起枪来……'别开枪!'我对他喊道,'别浪费子弹,咱们这就追上他了。'年轻人就是年轻人!总是沉不住气……谁知枪响了,子弹打断了马的一条后腿。那马又暴跳了十来下,打了个趔趄,就跪倒了,卡兹比奇跳下马,这时我们才看清了,他手里抱的是一个用披巾裹着头的女人……是贝拉……可怜的贝拉!……卡兹比奇用他们的话对我们嚷了两句什么,就举起短剑对准了她……再不能怠慢。我开了一枪,倒是打中了,准是子弹打中了他的肩膀,因为他的胳膊突然垂了下来……等到硝烟散去,只见地上躺着受伤的马,马旁边是贝拉;卡兹比奇却丢下枪,像一只猫似的攀着树棵子爬上了峭壁;我真想把他从那儿打下来,可是装好的弹药没有了!我们跳下马,朝贝拉奔去。可怜的姑娘一动不动地躺着,血像泉水一样从伤口往外涌……这家伙竟如此恶毒:要是朝她心口扎一刀,倒也罢了,一下子也就完了,这一刀却扎在背上……真是最毒辣的一刀!她已经昏迷过去。我们撕开披巾,把她的伤口紧紧扎住。毕巧林吻她的嘴唇,却怎么也不能使她苏醒过来。

“毕巧林上了马,我把贝拉从地上抱起来,好不容易放到他前面的马鞍上,他一只手抱住她,我们就骑马往回走。我们默默地走了几分钟之后,毕巧林对我说:‘我看,马克西姆·马克西梅奇,咱们像这样是不能把她活着带回家的。’我说:‘是的!’于是我们纵马飞跑起来。早有一大群人在要塞大门口等着我们。我们小心翼翼地把贝拉抬到毕巧林的屋里,就派人去请医生。医生虽然喝得醉醺醺的,但还是来了。他验过伤情,就说,她活不过一天了。可是他错了……”

“她好了吗?”我不由得高兴起来,抓住上尉的胳膊问道。

“没有,”他回答说,“医生说错了,错就错在她又活了两天。”

“那您给我讲讲,卡兹比奇是怎样把她抢到手的?”

“是这样:尽管毕巧林有言在先,她还是走出要塞,来到小河边。要知道,那天天气很热,她坐到石头上,把两脚伸进水里。这时卡兹比奇悄悄走过来,一下子把她搂住,捂住嘴,拖进灌木丛,在灌木丛里跳上马,打马就跑!这时她挣扎着叫喊了几声。哨兵被惊动了,开了枪,可是没有打中,这时我们也赶到了。”

“究竟为什么他要把贝拉抢走?”

“还问为什么!这些契尔克斯人本来就是出了名的贼种,什么东西没放好,见了就带走!有的东西用不着,可是也要偷……就别问他们为什么了!再说,他老早就喜欢她嘛!”

“贝拉死了吗?”

“死了。不过她折腾了很久,我们也跟着她折腾得够受。那天晚上10点钟左右,她苏醒过来。我们坐在床前,她一睁开眼睛,就呼唤毕巧林。‘我在这儿,在你身边呢,我的心肝!’他握住她的手,回答说。‘我要死了!’她说。我们就安慰起她来,就说医生说过,一定会把她治好。她摇摇头,转过头去朝着墙:她真不愿死呀!……

“夜里她说起胡话来,她的头热得烫手,浑身热得一阵一阵打哆嗦。她断断续续地说到父亲,说到弟弟;她很想到山里去,回家去……后来她也说到毕巧林,用种种亲热的称呼叫唤他,要么就责备他变了心。

“他把头伏在手上,一声不响地听她说。可是我始终没见他的睫毛上有一滴眼泪。他是欲哭无泪,还是竭力控制着自己,我不知道。至于我呀,我可是从来没见过比这更悲惨的事了。

“天快亮的时候,她不说胡话了。有一个钟头左右,她一动不动地躺着,脸色煞白,奄奄一息,几乎看不出她在喘气。后来她又好些了，又说起话来，可是您猜，她说的是什么？……这样的念头只有临死的人才会有！……她伤心起来，说她不是基督徒，到了阴间她的灵魂永远不能跟毕巧林的灵魂相会，别的女人在天堂里会成为他的伴侣。于是我产生了让她在死前受洗的想法，我把这个想法对她说了，她犹犹豫豫地看了看我，老半天说不出话来。终于，她回答说，她生来信什么教，死去还信什么教。整整一天就这样过去。这一天里她变得多厉害呀！……煞白的两腮瘪了下去，两只眼睛越来越大了，嘴唇烧干了。她感到心里热得发烧，好像胸中有一块烧红的铁。

“就这样熬到第二天夜里。我们都没有合眼，没有离开她的床前。她痛苦得不得了，不住地呻吟，只要刚刚疼得不那么厉害了，她就竭力要毕巧林相信她好些了，劝他去睡觉，吻他的手，拉住他的手不放。快到天亮的时候，她感觉到死的难受，翻来覆去折腾起来，把绷带都挣脱了，血又流起来，等到把绷带重新扎好，她安静了一会儿，接着就一再要毕巧林吻她。他跪到床前，把她的头从枕头上多少往上抱了抱，就把自己的嘴唇紧紧贴到她那渐渐凉了的嘴唇上。她用打战的胳膊紧紧搂住他的脖子，他像要在这一吻中把自己的灵魂交给她……不过，她死是非常好的！要不然毕巧林把她抛弃了，她会怎么样呢？或早或晚总会有这样一天……

“第二天上半天，她很安静，不言不语，也很听话，不论我们那位医生怎样用泥敷和药水折磨她。‘算了吧！’我对医生说，‘您不是自己说过她肯定要死嘛，那还用您那些药干什么呀？’他回答说：‘这样总要好些，马克西姆·马克西梅奇，良心可以安宁了。’好一个良心！

“午后,她开始感到口渴得难受。我们打开窗子,可是外面比屋子里还热。我们在床边放了些冰块,可是一点也没有用。我知道,这种难以忍受的干渴是死亡临近的征兆,就把这话对毕巧林说了。‘水,水!……’她从床上欠起身来,用嘶哑的声音说。

“毕巧林一张脸变得煞白,他抓起杯子,倒满了水,送到她嘴边。我双手捂住眼睛,念起祈祷文,不记得念的是什么了……是啊,老弟,死人的事我见得多了,在医院里、在战场上我都见过,可是这跟那不一样,完全不一样!……还有,不瞒您说,使我伤心的是,她在临死以前竟一次也没有想起过我,我可是一直像个父亲一样疼她呀……哎,上帝就别怪罪她吧……说真的,我算什么呀,非要人家在临死前想起我?……

“她一喝过水,就觉得好些了,可是过了三四分钟她就死了。我们把一面镜子放到她的嘴唇上——镜子光光的!……我拉着毕巧林从屋子里走出来,我们就朝要塞的围墙走去。我们倒背着两手,一句话也不说,肩并肩地来来回回踱了很久。他的脸上一点特别的表情也没有,于是我恼火起来,我要是他的话,会悲痛死的。后来他在树荫下坐下来,拿一根小棍儿在沙土上画起什么来。说实话,我主要是出于礼貌,想安慰安慰他,就说起话来。他却抬起头,笑起来……这一笑使我浑身打了个寒噤……我便去买棺材。

“说实话,我是一半为了排遣悲伤去做这事的。我有一块缎子,就拿来罩棺材,并且又用一些契尔克斯银带做装饰,那都是毕巧林给她买的。

“第二天一早,我们就把她安葬在要塞外面,小河旁边,靠近她最后一次坐过的那个地方。如今她的坟墓周围已经长满一丛丛刺槐和接骨木。我本想竖立一个十字架,可是,您也知道,这不合适:毕竟她不是基督徒呀……”

“毕巧林怎么样啦?”我问道。

“毕巧林病了很久,人也瘦了,一副可怜的样子,不过,打那以后,我们从来没有谈到过贝拉。我看出来,一提这事儿他会很不愉快,那又何必谈呢?过了三四个月,他就被调往某某团,到格鲁吉亚去了。我们从此再没有见过面。对了,记得好像有人不久前对我说过,他回俄罗斯去了。可是在兵团的调令通报里没有见到。不过,什么消息传到我们这儿总是很迟的。”

于是他发了长长的一篇议论,说许多新闻到一年后才知道,是多么不愉快——他说这些话,想必是为了冲淡回想起往事的悲伤。

我没有打断,也没有去听他这番议论。

过了一小时,可以上路了,暴风雪停息了,天也放晴了,我们又继续赶路。在路上我不由得又谈起贝拉和毕巧林的事。

“您没有听说,后来卡兹比奇怎么样吗?”我问道。

“卡兹比奇吗?哦,说真的,我不知道……只是听说,在右翼阵地上,在沙普苏格人那儿有一个叫卡兹比奇的,胆大包天,身穿大红外衣,常常骑着马在我们的枪弹下慢腾腾地走来走去。每当子弹嗖的一声从他身边飞过,他只是斯斯文文地弯一弯腰,不过,未必就是那个卡兹比奇!……”

我和马克西姆·马克西梅奇在科比分手了。我坐驿车走了,他因为车载太重,没有跟上我。我们都不指望什么时候还会再见面，谁知我们又见了一次面，而且，如果诸位有兴趣的话，我可以讲一讲，这是一件挺有意思的事儿呢……不过，诸位是不是承认，马克西姆·马克西梅奇是一个很值得尊敬的人？……如果诸位承认这一点，那我讲了这样一个也许太长的故事，就算是得到充分的报酬了。

二、马克西姆·马克西梅奇

我和马克西姆·马克西梅奇分手以后，便乘驿车很快地穿过捷列克峡谷和达利亚尔峡谷，在卡兹别克吃了早饭，在拉尔斯用了茶点，快到吃晚饭的时候就赶到弗拉季高加索。为了不使诸位厌烦，就不写山景，不作空洞的赞叹，不描绘那些难以想象，尤其是不曾身临其境的人无法想象的画面，不发表肯定不会有人看的有关国计民生的议论了。

我歇在一家旅店里，这旅店是过往客商都要歇脚的地方，可是店里找不到人会炸野鸡，烧菜汤，因为开办旅店的三个残疾兵，也许是笨得要命，也许是醉得稀里糊涂，反正什么事也不会干。

有人对我说，我还要在这儿待上三天，因为从叶卡捷琳诺格勒来的“阿卡济亚”[①]还没有到，因此，就说不上往回程走。这算什么“阿卡济亚”呀！……可是，一句糟糕的双关语对于一个俄罗斯人算不上什么安慰，于是，我为了消遣，就想把马克西姆·马克西梅奇讲的贝拉的事写下来，却未想到这会成为长长的一串小说的

①俄语“阿卡济亚”有“护送队”和“方便”之意。前一句中用作“护送队”，后一句中用作“方便”，成为双关语。

第一环。诸位瞧，有时一件无足轻重的小事会造成多么严重的后果！……哦，也许，诸位还不知道“阿卡济亚”是怎么一回事儿。这是由半连步兵和一门大炮组成的掩护队，专门护送辎重车辆从弗拉季高加索经卡巴尔达去叶卡捷琳诺格勒。

第一天我过得很无聊。第二天一早，有一辆大车进了院子……哎呀！马克西姆·马克西梅奇！……我们像老朋友一样见面了。我请他住到我的屋子里。他也不客气，还拍了拍我的肩膀，并且撇撇嘴做了个笑的姿态。真有意思！……

马克西姆·马克西梅奇在烹饪方面是很内行的，他炸野鸡炸得恰到火候，黄瓜汁一浇，味道就全出来了。我得承认，要是没有他，那我只有吃干粮了。一瓶卡赫齐亚葡萄酒，使我们忘记了这只有一道菜的伙食的简陋。

我们点起烟斗，坐下来——我坐在窗口，他坐在炉边，炉子是生了火的，因为这一天又潮湿又冷。我们都没有作声，我们说什么好呢？……他已经把他所经历的动人心弦的事都讲给我听了，我又没有什么好讲的。我望着窗外，捷列克河河面越来越宽阔，沿河岸排列的许许多多矮小房子从树丛中隐隐约约地显露出来，再远处一座座青山像高低不齐的墙壁，那一座座青山后面便是头戴白色大主教帽的卡兹别克峰了。我默默地与群山告别：真有些恋恋不舍了……

我们就这样坐了很久。太阳落到寒冷的峰峦后面去了，白茫茫的暮霭已渐渐在谷地里弥漫开来，这时街上响起马车的铃声和车夫的吆喝声。好几辆大车载着一些肮脏的亚美尼亚人进了旅店的院子，后面跟着进来的是一辆空的旅行马车。这辆车行动轻快,设备舒适,式样讲究,具有进口货的特点。跟在车后面的人留着浓密的小胡子,穿着轻骑兵短外衣,这在一个跟班来说,是穿得蛮好的;再看看他从烟斗里磕烟灰和吆喝车夫那种神气活现的架势,是不会弄错他的身份的。他显然是游手好闲的主人手上一名得宠的仆人,有点儿像是俄国的费加罗[①]。"喂,伙计!"我从窗户里对他喊道,"怎么,是护送队到了吗?"他很不礼貌地看了看我,拉了拉领带,便扭过头去。一个走在他旁边的亚美尼亚人笑着替他回答说,就是护送队到了,明天早晨就要转回头走。"真谢天谢地!"这时已经来到窗前的马克西姆·马克西梅奇说。"多漂亮的马车呀!"他又说,"准是哪个官员上梯弗里斯去视察。显然从来没到过我们这山地!哼,伙计,真是开玩笑,走山路可不是好玩儿的,就是英国马车也会颠个粉碎!……这会是什么人呢……咱们就去看看吧。"于是我们来到走廊里。走廊尽头有一个敞开的门,是通厢房的。那个跟班的马车夫正往里面搬皮箱。

"喂,伙计,"上尉问他,"这辆漂亮马车是什么人的?……嗯?……好讲究的马车呀!……"那跟班并没有转过身来,而是一面解皮箱,一面咕哝着什么。马克西姆·马克西梅奇火了,他拍拍无礼的跟班的肩膀,说:"我跟你说话呢,伙计……"

"什么人的马车吗?……我家老爷的……"

"你家老爷是什么人?"

"毕巧林……"

"你说什么?你说什么?毕巧林?……哎呀,我的天呀……他不是在高加索当过差吗?……"马克西姆·马克西梅奇扯住我

①法国剧作家博马舍(1732—1799)的名剧《费加罗的婚姻》中的仆人。

的袖子，叫起来。他的眼睛顿时放出喜悦的光彩。

"好像在那儿当过差……不过我跟随他没有多久。"

"那就对了！……对了！……是格里高利·亚历山大罗维奇吧？……他的大名是这样吗？……我跟你家老爷是朋友呢！"他又说，并且很亲热地拍了拍跟班的肩膀，拍得他身子都摇晃起来……

"对不起，先生，您打扰我了。"那跟班皱起眉头说。

"嘿，你呀，老弟！……不是对你说了吗？我跟你家老爷是老朋友，在一块儿待过呢……哦，这会儿他在哪儿呀？……"

那跟班说，毕巧林在某上校家吃饭，还要在那儿过夜……

"那他今天晚上不到这儿来了吗？"马克西姆·马克西梅奇说，"伙计，你也没有什么事要去找他吗？……你要是去的话，就对他说，马克西姆·马克西梅奇在这儿。你就这样说好啦……他会知道的……我给你八个银角子买酒喝……"

那跟班听说赏他这么一点儿酒钱，露出鄙夷不屑的神色，不过他还是向马克西姆·马克西梅奇保证说，他一定照办。

"肯定他马上就会跑来的！……"马克西姆·马克西梅奇兴高采烈地对我说，"我到大门口等他去……唉，可惜我不认识那位上校……"

马克西姆·马克西梅奇坐到大门外一条板凳上，我便走进自己屋里。说实话，我也有点儿急不可耐地等待着这位毕巧林出现。虽然，我听过上尉讲的故事，我对他的看法不怎么太好，然而我觉得他性格中的一些特点是与众不同的。过了一个小时，一个残疾兵送来烧滚的茶炊和茶壶。我就在窗口喊他："马克西姆·马克西梅奇，您不喝茶吗？"

“谢谢，不怎么想喝。”

“唉，喝点儿吧！瞧，天已经很晚，很冷了。”

“没关系，谢谢……”

“好吧，那就听便！”我就一个人喝起茶来。过了十来分钟，老头子走了进来。“您说得对，还是喝点儿茶好……我还一个劲儿在等他呢……他的跟班到他那儿去已经有老半天了，显然他是有什么事不得脱身。”

他匆匆喝完一杯茶，不再喝第二杯，便又焦急不安地到大门外去了。显然，毕巧林的怠慢使老头子很伤心，尤其因为不久前他对我讲过他跟他的交情，而且，一个钟头以前他还认定，毕巧林一听到他的名字，立刻就会跑来。

天已经很晚，很黑了，我又一次打开窗子呼唤他，说该睡了。他小声嘟哝了一句什么，我又一遍请他睡觉，他什么也没有回答。

我用大衣裹住身子，把蜡烛放在炕上，便在长沙发上躺下来，不一会儿就迷迷糊糊睡着了。要不是马克西姆·马克西梅奇很晚走进屋里把我弄醒，我会安安稳稳睡上一夜的。他把烟斗扔到桌上，在屋里踱了起来，拨弄起炉火，最后终于躺下，可是又咳嗽，又吐痰，翻来翻去折腾了很久……

“是不是有臭虫咬您？”我问他。

“是的，臭虫……”他重重地叹了一口气，回答说。

第二天早晨我醒得很早，可是马克西姆·马克西梅奇醒得比我更早。我看到他已经坐在大门口的板凳上了。“我要去见见司令官，”他对我说，“要是毕巧林来了，请您派个人去叫我……”

我答应了。他很快地向前跑去，好像四肢又恢复了青春的活力。

早晨寒冷而又晴朗。金黄色的云彩堆集在群山之上,就像是新添了一排空中山岭。大门前面是一个广场,广场那边的集市上熙熙攘攘,因为这天是星期日,几个光脚的奥塞梯孩子背着装有蜂蜜的背篓,围着我转悠。我把他们赶开了,我没有心思理睬他们,我也受到善良的上尉的不安心情的感染。

不到十分钟,广场那头就出现了我们等待的那个人。他同某上校一起走来,上校把他送到旅店,就和他告别了,回要塞去了。我立刻派一个残疾兵去叫马克西姆·马克西梅奇。

那个跟班出来迎接毕巧林,报告说,马上就去套车,并且递给他一盒雪茄,在听过他几句吩咐后,便去张罗了。他的主人点起雪茄,打了两个呵欠,便在大门口另一边的一条板凳上坐下来。现在我该为诸位描绘一幅他的肖像了。

他中等个头儿,那又细又挺拔的身躯和宽阔的肩膀表明他体格健壮,经受得住动荡生活的种种磨难和气候的变化,花天酒地的京城生活和感情的暴风骤雨都没有将他的健康摧毁。那落满尘土的丝绒上衣只扣了底下两个纽扣,露出白得耀眼的衬衫,显示着上等人的习惯。他那副弄脏了的手套好像是专门为他那纤细的娇贵的手定做的,当他把一只手套脱下时,我看到他那苍白的手指头那样细,不禁大吃一惊。他举止行动潇洒不羁,从容不迫,但是我发现他不摆动两手——这是性格有些内向的可靠标志。不过,这是我个人的看法,是凭我的观察得到的,完全不希望诸位盲目相信。当他在板凳上坐下来时,他那直挺挺的身躯弯了下来,好像他的背上没有一根骨头似的,他整个身体的姿态呈现出一种精神不支的样子，他这一坐，就像巴尔扎克笔下那个三十岁的荡妇[1]在筋疲力尽的酣舞之后坐到鸭绒软椅里。乍看到他的脸，我觉得他不会超过二十三岁，虽然后来我认为他有三十岁了。他的笑有一种孩子气。他的皮肤有点儿像女人那样细嫩。天生鬈曲的淡黄色头发勾勒得那苍白而饱满的额头非常好看，只有观察很久，才能发现额上有纵横交错的皱纹，想必在愤怒或内心激动的时候，那会清楚得多的。尽管他的头发是淡黄色的，胡子和眉毛却是黑色的——这是人的一个品种的特征，就像白马带黑鬃和黑尾巴一样。为了完成这幅肖像，我还要说，他有一个微微上翘的鼻子，一嘴白得耀眼的牙齿和一双栗色的眼睛。关于眼睛我还得说几句。

第一，在他笑的时候，他的眼睛并不笑！——诸位没发现有些人就出这种怪事儿吗？……这是脾气很坏或者内心经常忧郁苦闷的表现。一双眼睛在半垂的睫毛下放射出一种磷光——如果可以这样形容的话。这不是内心热烈或者思潮泉涌的反映，这是一种闪光，类似光溜溜的钢的闪光，亮得耀眼，然而冰凉，他的目光不持久，但是又尖又沉，给人留下很不愉快的印象，好像是在很不客气地打量人，如果那目光不是那样平静安详，那会显得是十分无礼的。我之所以有这种种看法，也许只是因为我知道他平生的一些底细；也许，他的样子给别人的印象会截然不同。可是，因为诸位除了听我的，再也无法从别人嘴里听到有关他的话，那也就不得不对这番描绘表示满意了。我还要说一句作为结尾：他的长相总的来说是不错的，这相貌自有其魅力，是上流社会女子

①巴尔扎克小说《三十岁的女人》中的人物。

特别喜欢的。

马车已经套好了，铃铛不时在轭下叮当作响，那跟班已经两次走到毕巧林面前报告说，一切都准备停当，可是马克西姆·马克西梅奇还没有到。幸亏毕巧林眺望着高加索那参差错落的青山，只管沉思遐想，似乎并不急着动身。我走到他跟前，说："如果愿意多少再等一会儿，就可以幸会您的老朋友了……"

"哦，是的！"他很快地回答说，"昨天对我说过的，可是他在哪儿呀？"我转脸朝广场一看，就看见使足劲儿跑来的马克西姆·马克西梅奇……几分钟之后，他就来到我们跟前。他上气不接下气地喘着，脸上的汗像冰雹一样往下滚，一绺绺湿漉漉的白发从帽子里溜出来，粘在额头上，两膝一个劲儿哆嗦着……他想扑上去搂毕巧林的脖子，可是毕巧林相当冷淡地伸给他一只手，虽然和蔼可亲地微笑着。上尉愣了一会儿，但随即用双手使劲握住他的手：他还说不出话来。

"见到您我多么高兴呀，亲爱的马克西姆·马克西梅奇！怎么样，您近来好吗？"毕巧林说。

"啊……你呢？哦，您呢？……"老头子噙着泪水讷讷地说，"好久没见了……真是难得呀……哦，您这是上哪儿去呀？……

"上波斯去，还要到更远的地方……"

"怎么，现在就走吗？……再待一会儿吧，我的好兄弟呀！……难道这就分手吗？……咱们多少日子没见面了呀……"

"我得走了，马克西姆·马克西梅奇。"毕巧林回答说。

"我的天呀，我的天呀！您急什么呀？……我有好多话要和您说……有好多事要问您呢……嗯，怎么样？退伍了吗？……过得好吗？……近来干些什么？……”

“真没有意思！”毕巧林微微笑着回答说。

“还记得咱们在要塞里过的日子吗？……那儿可是打猎的好地方！……您真是太喜欢打猎了……还记得贝拉吗？……”

毕巧林脸微微有点儿白了，他把脸转过去……

“是的，记得呀！”他说，几乎紧接着很不自然地打了个哈欠……

马克西姆·马克西梅奇恳求起他来，要他再跟他待一两个钟头。他说：“咱们来好好吃一顿，我这儿有两只野鸡，这儿的卡赫齐亚葡萄酒挺好的……当然啦，不能跟格鲁吉亚的比。不过也是上等货了。咱们好好谈谈……您给我讲讲您在彼得堡过的日子……怎么样？……”

“真的，我没什么好讲的，亲爱的马克西姆·马克西梅奇……咱们还是再见吧，我得走了……我要赶路……谢谢您没有忘记我……”毕巧林握住他的手，又说了最后一句。

老头子皱起眉头……他又伤心又生气，虽然竭力掩饰着。“忘记呢！”他嘟哝说，“我可是什么也没忘记……那好吧，愿上帝保佑您！……真没想到跟您见面是这样……”

“得啦，得啦！”毕巧林亲热地拥抱了他一下之后，说，“难道我不是原来那样吗？……有什么办法呢？……各人有各人的路……能不能再见面，那只有天知道了！……”他说这话的时候，已经坐在马车里，车夫也已经扣紧缰绳了。

“等一下，等一下！”马克西姆·马克西梅奇忽然抓住车门，叫起来，“差点儿忘了……格里高利·亚历山大罗维奇，您那些字纸还留在我这儿呢……我一直随身带着……原以为在格鲁吉亚会找到您,谁知道在这儿见面了……您这些字纸怎么办呀?……”

“您想怎么办就怎么办好啦!”毕巧林问答说,“再见吧……”

“那您就上波斯去啦?……什么时候回来呀?……”马克西姆·马克西梅奇在后面喊道。

马车已经走远了,不过毕巧林还打了一个手势,那手势可以译成如下文字:未必回来!而且,何必回来呢?……

早已听不见车铃声,也听不见车轮在石子路上的轧轧声了,可怜的老头子却还站在原地,深沉地思索着。

“是啊,”他终于说,竭力装出一副淡漠的样子,虽然懊恼的眼泪不时在睫毛上闪烁,“尽管我们原来是朋友,可是如今这世道,朋友又算得上什么?我在他眼里算什么呀?我无钱无势,而且也老了,跟他交朋友不相配了……这不是,他又在彼得堡待了些时候,成了一个多么气派的公子哥儿……瞧那马车!有多少行李呀!连跟班也这样神气!”这些话他是带着讥讽的微笑说的。“您说说看,”他又对我说,“比如,您对这事儿是怎样想的?比如,现在他上波斯去,打的是什么鬼主意?……可笑,真可笑!我一向就知道,他是一个轻浮的人,一点也不可靠。说实话,真可惜呀,他下场会很糟的……绝不会有好下场!我一向就说,忘记老朋友的人,是不能指望的!……”他说到这儿,转过身去,为的是掩盖自己的激动,并且绕着自己的大车在院子里来来回回踱了起来,装作检查车轮,其实他的眼睛里一阵阵涌出泪水。

“马克西姆·马克西梅奇,”我走到他跟前说,“毕巧林留下的是一些什么样的字纸呀?”

“鬼才知道是什么!不知记的是什么玩意儿……”

“那您拿这些字纸干什么呢？

“干什么吗？我叫人拿去包子弹。”

“您还是给我吧。”

他带着惊讶的神气对我看了看，小声嘟哝了两句什么，就在皮箱里翻腾起来。不一会儿，他就掏出一本记事簿，鄙夷地摔到地上，然后第二本、第三本，直到第十本，待遇都是一样。他恼火之中很有些孩子气，我觉得又可笑又可怜……

“这不是，全在这儿了。”他说，“恭喜您捡到宝贝了……”

“我想拿来干什么都行吗？”

“您就是拿去登报也行。干我什么事？……怎么，我是他的朋友，还是亲戚？……是的，我们在一块儿待过很久……可是，跟我在一块儿待过的人还少吗？……”

我抓起那些簿子，连忙拿走，生怕上尉后悔。不一会儿，有人来告诉我们，再过一个钟头，“阿卡济亚”就要出发了，我便吩咐套车。就在我已经要戴帽子的时候，上尉走进屋里来，看样子，他不准备动身，他脸上露出一种很不自然的、冷淡的神气。

“啊，马克西姆·马克西梅奇，难道您不走吗？”

“不走。”

“怎么不走啦？”

“我还没见到司令官呢，我得把一些公家的东西交给他……”

“您不是到他那儿去过了吗？”

“去是去过，”他讷讷地说，“可是他不在家……我等又没等到。”

我明白了：可怜的老头子恐怕是平生第一次，用官场的话来说，耽于私事，而扔下公事——可是他得到的又是什么样的报答呀！

“非常遗憾，”我对他说，“非常遗憾，马克西姆·马克西梅奇，咱们得提前分手了。”

“我们这些没学识的老头子哪儿能高攀你们呀？……你们是上流社会的青年，眼界高。你们在这儿，在契尔克斯人的子弹底下，还可以凑合……以后再见面，连跟我们这班人握手都觉得有失身份了。”

“我可是不应该受这样的责备呀，马克西姆·马克西梅奇。”

“哦，我不过随便这样说说。那好吧，祝您万事如意，一路平安。”

我们冷冰冰地告别了。和蔼可亲的马克西姆·马克西梅奇成了一位又执拗又唠叨的上尉！原因何在呢？就因为当他想扑上去搂毕巧林的脖子的时候，毕巧林由于心不在焉或者别的什么原因竟伸给他一只手！伤心的是，看到一个年轻人丧失了美好的希望和理想，看到他撕去面前那粉红色的轻纱，本来是透过那轻纱观察世事和人情的，虽然还有希望可以填补旧的迷梦，萌生新的、会转瞬即逝然而同样有魅力的迷梦……可是在马克西姆·马克西梅奇这样的年纪，拿什么来填补呢？心不由得冷了，情感不由得淡漠了……

我孤孤单单地走了。

第二部　毕巧林日记

序

不久前，我听说毕巧林在从波斯回来的路上死了。我听到这消息非常高兴。这下我可以发表他的日记，并且乘机在别人的作品上署我的名字了。诸位读者千万不要因为我这点儿天真的卑劣行为责骂我！

现在我应该多少解释一下，为什么要把一个素昧平生的人的内心秘密公之于世。如果我是他的朋友倒也罢了：好朋友笑里藏刀互相攻讦是人人可以理解的。可是我一生只在大路上见过他一面，不可能对他怀有那种难以理解的仇恨——这种仇恨藏在友谊的面具下，只等好友死亡或者遭遇灾祸，便化为谴责、训诫、嘲笑和怜悯冰雹般的倾泻到他头上。

我反复阅读这些日记，深信这个无情地表露自己缺点和毛病的人是真诚的。一个人心灵的历史，哪怕是最渺小的心灵的历史,其内涵和丰富多彩未必不如整个民族的历史。尤其如果这种历史是一个成熟头脑自我观察的结果,如果不是为出名,不是为博取同情或者哗众取宠而写作的话。卢梭的《忏悔录》就有这种缺点,他是拿来读给朋友们听的。就这样,我纯粹出于有益于世的用心,发表这部偶然得来的日记的片段。虽然我改换了所有人物的名字,但其中说到的一些人肯定会认出自己来的,也许他们还会找到理由,替那个早已离开人世然而至今仍受谴责的人的行为辩护:我们几乎总是原谅我们所了解的人。

本书只收毕巧林在高加索的那部分日记。我手边还留着厚厚的一大本,他在其中记述了他整个的一生。将来有一天也会公之于世的;但现在由于很多重大原因,我还不敢担当这个责任。也许,有些读者想知道我对毕巧林性格的看法。本书的书名便是我的回答。他们会说:"这可是很辛辣的讽刺呀!"那我就不知道了。

一、塔曼

塔曼是俄罗斯滨海城市中最糟糕的一座小城。我在那儿差点儿饿死,而且还有人想把我淹死。我是乘驿车深夜来到这座小城的。车夫在入口处唯一的一座石头房子门前勒住三匹筋疲力尽的马。站岗的黑海哥萨克一听见铃铛声,就用带有睡意的嗓门儿厉声喝道:"什么人?"走出来一名军士和一位班长。我向他们说明,我是军官,因公到作战部队去,要求分拨公房安歇。那班长领着我们在城里转悠起来。不论找到哪儿,房子都住满了。天很冷，我有三夜没睡觉，疲劳不堪，就发起火来，我叫了起来："不管哪儿，快给我找个地方住下，混蛋！哪怕到魔鬼家里，只要有个地方就行！"那班长搔着后脑勺回答说："倒是还有一所房子，就怕您先生不中意，那儿不干净！"我不懂"不干净"的确切含意，就叫他在前面带路。我们在一条条肮脏的小胡同里兜了好半天，我看到两边全是东倒西歪的篱笆，最后来到海边一座不大的房子前面。

一轮明月照耀着我的新居的芦苇屋顶和白色墙壁。在圆石墙围成的院子里，还有一座小屋，比这一座更小，更破旧。海岸像悬崖一般陡峭，几乎是从房子的墙脚下垂向大海，暗蓝色的波浪在下面拍溅着，发出不断的絮语声。明月静静地俯视着动荡不安然而对月光却十分温顺的大海，我在月光下可以看见离岸很远的地方停泊着两艘大船，船上那黑黑的缆索像蛛网一般刻画在苍茫的地平线上。我心想："港湾里有船呢，明天可以上格连吉克去了。"

给我当勤务员的是一名哥萨克边防兵。我吩咐他卸下皮箱，把车夫打发走，就呼唤起房东，却没人答应，我敲敲门，还是没人答应……这是怎么回事儿呀？终于有一个十四五岁的男孩子从过道里钻出来。

"房东呢？"

"没有房东。"

"怎么，不在了吗？"

"不在了。"

"那么，女当家的呢？"

“到镇上去了。”

“那谁给我开门呢?”我说着,朝门踢了一脚。门开了,从屋子里冲出一股潮气。我划着了一根火柴,把火柴凑到男孩子鼻子跟前:照见的是两只白眼睛。这是一个瞎孩子,完全是天生的瞎子,他站在我面前一动也不动,我就观察起他的相貌。

说实话,我对一切瞎眼的、独眼的、聋子、哑巴、缺胳膊少腿的、驼背的以及诸如此类的人,有一种先入为主的偏见。我发现,人的外表与其心灵往往有一种奇怪的联系:似乎随着身体某一部分的丧失,内心也失去某种情感。

且说,我打量起瞎子的相貌。可是,试问,在一张没有眼睛的脸上又能看出什么呢?……我怀着情不自禁的怜悯心情对这张脸看了很久,忽然在他那薄薄的嘴唇上掠过一丝隐约可辨的微笑,不知为什么,这一笑给我的印象是最不愉快的。我不禁产生了疑心,觉得瞎孩子并不像表面看上去那样瞎。我竭力使自己相信,白翳是不能假装的,而且又何必假装?假装又有什么意思?可就是消除不了疑心。我常常为偏见所左右,而不能自拔……

“你是女房东的儿子吗?”我终于问他说。

“不是。”

“那你是什么人?’’

“是一个没有家的穷孩子。”

“女房东有孩子吗?”

“没有。有过一个女儿,可是跟一个鞑靼人跑了,到海那边去了。”

“跟一个什么样的鞑靼人?”

“鬼才知道呢！是一个克里米亚的鞑靼人，从刻赤来的船夫。”

我走进屋子：两张板床，一张桌子，再加上炉边一个大柜子，就是屋里的全部家具了。墙上连一幅圣像也没有——这是不妙的兆头！海风一阵阵吹进打破的玻璃窗来。我从皮箱里掏出一个蜡烛头，点着了，就把东西分别摆放：把马刀和枪放在屋角里，把手枪放在桌子上，把斗篷铺在一张板床上。那哥萨克也把他的斗篷铺在另一张板床上。过了十分钟，他就打起鼾来，我却睡不着。在黑暗中，那孩子和他的白眼睛一直在我面前晃动着。

这样过了一个钟头左右。明月照进窗来，月光在屋里的黄土地面上闪闪晃动着。忽然在明亮的一片黄土地面上有一个黑影闪过。我欠起身，朝窗外一看：有一个人又一次从窗外跑过，不知躲到哪儿去了。无法设想这个人是从海岸陡崖上跑下去的，然而他又没有别的地方可去。我下了床，披起棉袄，腰上挂了短剑，悄无声息地从屋里走了出来。那瞎孩子迎面走来。我躲到篱笆脚下，他迈着又稳又谨慎的步子从我身旁走过。他腋下挟着一个包裹，朝码头方向一拐，就顺着又窄又陡的小路往下走。“到那一天，哑巴会说话，瞎子能看见。”[①]我一面想着这句话，一面在一定距离内跟着他，免得让他跑得看不见了。

这时候，月亮开始蒙上云彩，海上也起了夜雾。近处一条大船的艄灯在雾中发出朦胧的亮光。岸边巨浪翻腾着亮闪闪的白沫，巨浪随时都可能把海岸淹没。我吃力地顺着陡坡往下走，忽然看到，瞎孩子停下来站了一会儿，然后往下面一拐朝右边走去，

①见《新约全书·马太福音》。

他走得离水那样近，似乎巨浪立刻就会把他卷走，但是，就他从一块石头迈向另一块石头，躲避坑坑洼洼那股自信劲儿可以看得出，他走这条路不是第一回了。终于，他站定了，似乎在倾听什么，接着在地上坐下来，把包裹放在身边。我躲在岸边一块突出的岩石后面，观察他的行动。过了几分钟，对面出现了一个白色的人影，那人走到瞎孩子跟前，挨着他坐下来。一阵一阵的风把他们说的话送到我耳边。

“怎么办，小瞎子？风浪太大，杨柯不会来了。”一个女声说。

“杨柯不怕风浪。”瞎孩子回答说。

“雾越来越大了。”那女子又用忧虑的口气说。

“有雾更容易躲过巡逻艇。”瞎孩子回答说。

“万一他淹死了呢？"

“那有什么？礼拜天你去教堂，没有新缎带也行。”

接着是一阵沉默。只是有一点使我感到惊讶：瞎孩子跟我讲的是乌克兰土话，这会儿讲的却是纯正的俄语。

“瞧，我说对了，”瞎孩子两手一拍，又说，“杨柯不怕海，不怕风，不怕雾，也不怕海岸巡逻兵。你听吧：这不是水浪声，我不会听错的——这是他的长桨划水的声音。”

那女子腾地跳起来，焦急地朝远处望去。

“你胡说，小瞎子。”她说，“我什么也看不见。”

说真的，不论我怎样努力想看出远处有没有什么像船的东西，都什么也看不见。就这样过了十来分钟，终于在翻腾不息的波涛中出现了一个黑点，那黑点忽大忽小——一条小船忽而慢慢爬上浪涛的顶端，忽而很快地从顶端跌下去，小船离岸越来越近了。行船人敢于在这样的夜晚横渡二十俄里宽的海峡，是有胆量的，想必有重大原因促使他冒这样的险！我这样想着，不由地怀着怦怦跳动的心打量着这条可怜的小船。只见那小船像鸭子一样一会儿钻进水里，过一会儿又扑展着翅膀似的双桨，裹着满身的浪花水沫很快地从深谷中跳跃出来。快到岸边了，我想，这船要一下子撞到岸上，撞个粉碎了，谁知小船很灵活地侧转过来，平平安安地进了一个小小的港湾。从小船上跳下来一个人，中等个头儿，头戴鞑靼式羊皮帽。他招招手，于是三个人就一齐动手从船上往下卸什么货物。货物非常重，我至今还不明白小船怎么会没有沉没。他们每个人扛起一个包裹，就顺着海岸走去，一会儿我就看不见他们了。我只好回到屋子里去。可是说实话，我看到这种种怪事，再也放不下心来。

好不容易等到天亮，我的哥萨克勤务兵醒来，看见我穿得好好的，感到非常惊讶，不过我没有向他说明原因。我从窗口眺望蓝天，蓝天上白云朵朵，眺望遥远的克里米亚海岸，海岸像一条淡紫色的带子似的伸展开去，尽头处是悬崖，悬崖顶上有一座白色的灯塔。欣赏了一会儿之后，便起身到法纳戈里亚要塞去，想找司令官问问什么时候可以上格连吉克去。

可是，真要命！司令官也不能给我确切的答复。停在港湾里的船，不是巡逻艇就是商船，商船还没有开始装货呢。司令官说："过三四天也许有邮船来，到时候咱们再看吧。"我又泄气又懊恼地回到住处。我的哥萨克勤务兵带着一脸惊慌的神气在门口把我迎住。

"不妙呀，老爷！"他对我说。

“是啊，伙计，天知道咱们什么时候才能离开这儿！”

他听了这话更加慌张了，朝我弯下腰，小声说：

“这儿不干净！我今天遇见一个黑海军士，是我去年在部队里认识的。我一对他说我们歇在什么地方，他就对我说：这地方不干净，一些人很不安分！……真的，那小瞎子是怎么回事儿呀！上集市，买面包，打水，跑来跑去都是一个人……显然这儿是弄惯这一套的。”

“究竟是怎么回事儿呀？女房东总该露过面了吧？”

“刚才您出去的时候，有个老婆子跟她女儿来了。”

“什么女儿呀？她不是没有女儿吗？”

“要不是她的女儿，鬼知道那是她的什么人。哦，那老婆子这会儿就坐在她的小屋里呢。”

我走进小屋。炉子烧得很热，炉子上正在烧饭，那饭菜在穷人来说是相当讲究的了。不论我问什么话，老婆子都回答说，她耳朵聋，听不见。拿她有什么办法呢？我又转身问小瞎子，小瞎子正坐在炉前往火里添小树枝儿。我扯着他的耳朵说：“喂，小瞎鬼，你说说，你夜里挟着包裹上哪儿去了，嗯？”小瞎子忽然哭了起来，哎哟哎哟叫起来，说：“我上哪儿去了？哪儿也没去……挟着包裹？什么包裹呀？”这一下老婆子也听见了，嘟哝起来：“哼，真想得出来，找上一个可怜的孩子！您要拿他怎么样？他有什么事对不起您？”这一套我讨厌透了，便走了出来，下决心要找到揭开这个谜的钥匙。

我裹紧斗篷，坐到篱笆旁边一块石头上，眺望远方。面前是辽阔的大海，夜晚风暴掀起的浪涛依然翻腾不息，单调的浪涛声很像沉沉欲睡的城市的絮语，使我想起逝去的岁月，把我的思潮带到北方，带进我们寒冷的京城。种种往事浮上心头，我出神了……就这样过了一个小时，也许还不止……忽然有一阵像唱歌一样的声音传到我的耳际。是的，就是歌声，而且是清脆的女声，可是从哪儿来的呢？……我侧耳细听——音调很奇怪，一会儿悠长而悲伤，一会儿急促而活泼。我四下里看了看，一个人也没有；再仔细倾听，那声音好像是从天上传来的。我抬眼一看，在我的小屋顶上站着一个姑娘，穿着条纹连衣裙，披散着长发，活脱脱一个鱼美人。她把一只手罩在眼睛上遮住阳光，凝神望着远方，一会儿边笑边自言自语，一会儿又唱起歌儿来。

我把她唱的歌逐字逐句记住了：

在碧色的大海上，
有许许多多大船，
一条条大船带白帆
自由自在地漂荡。
在一条条大船中间
有我的小船，
小船没有带帆，
只有小小的双桨。
什么时候起了狂风巨浪，
一条条古老的大船
一齐扬起翅膀，
扬起翅膀在海上飞翔。

我深深地鞠躬，
请大海另眼相看：
“凶恶的大海呀，大海！
你不要碰我的小船：
我的小船上有货物，
那货物很值钱！
黑夜里驾船的
是一条好汉！”

我不由得想起来，夜里我听到的就是这声音。我沉思了一会儿，等我又朝屋顶上看的时候，那姑娘已经不在那儿了。忽然她从我身旁跑过，嘴里哼着另一支歌儿，并且一面弹得手指头吧嗒吧嗒响着，跑进老婆子的屋里。她们就在屋里争吵起来。老婆子很生气，她却哈哈大笑，过了一会儿，我看到，这水妖又蹦蹦跳跳地跑了出来。她跑到我身边，站住，凝神看了看我的眼睛，似乎看到我在这儿出现感到十分惊讶，然后毫不在乎地转过身去，缓步朝码头走去。这并没有完，整整一天她围着我的屋子转悠，又唱又跳，一刻也不停。真是一个怪物！她的脸上没有一点发疯的迹象。相反，那一双眼睛又机灵又敏锐，滴溜溜地盯着我，那眼睛似乎天生就有一股勾魂摄魄的力量，似乎时时刻刻在等待问话。但只要我一开口，她就诡秘地笑着跑掉了。

我简直从来没见这样的女子。她远远算不上什么美女，但我对于美也有自己的偏见。美有许多品种……女人的品种和马的品种一样，是大有讲究的。这一发现归功于青年法兰西[①]。这——也就是品种，不是青年法兰西——多半可以从走路姿势，从胳膊和腿看出来，尤其鼻子，更是关键。端正的鼻子在俄罗斯比玲珑的小脚更稀罕。这位女歌手看上去不过十八岁。她那苗条异常的身段，那别有风韵的侧歪头的姿势，淡栗色的长发，脖子和肩膀上那泛着金色光泽的微微晒黑的皮肤，尤其是那端正的鼻子——这一切都使我销魂。尽管我在她的斜睨中看出有一种奇怪和可疑的神气，尽管她的微笑中有一种难以捉摸的意味，我还是抵挡不住偏见的力量：端正的鼻子使我神魂颠倒。我仿佛觉得我已经找到歌德笔下的迷娘[②]——他凭德国式想象塑造的这个别有风韵的人物。确实，在她们之间确实有许多相似之处：同样会从极度的焦急不安一下子变得十分沉静，同样喜欢说费人猜测的话，同样喜欢蹦蹦跳跳，唱古怪的歌儿。

傍晚，我在门口拦住她，跟她说了下面一些话：

“喂，告诉我，美人儿，你今天在屋顶上干什么？”我问道。

“看看风从哪儿吹来。”

“那又为什么？”

“风从哪儿来，福气就从哪儿来。”

“怎么？难道你唱歌是召唤福气吗？”

“哪儿唱歌，哪儿就有福气。”

“万一你唱歌招来祸事呢？”

---

①19世纪初，法国浪漫主义青年作家戈蒂叶、涅尔瓦等人自称为“青年法兰西”。

②歌德（1749—1832）的小说《威廉·迈斯特的学习年代》中的意大利姑娘。

"那有什么呢？反正不是好点儿，就是坏点儿，从坏到好也不远。"

"这支歌是谁教你的？"

"谁也没教我，想唱，就唱起来。谁该听，谁就听得清；谁不该听，听了也不懂。"

"我的歌手，你叫什么名字？"

"谁给我行洗礼，谁就知道。"

"是谁给你行洗礼的？"

"我怎么知道呀？"

"你这姑娘嘴真紧呀！可是你的事儿我已经知道一些了。"

她听了面不改色，连嘴唇也不动一动，似乎事情跟她毫不相干。"我知道，你昨天夜里到海边去过。"于是我板起脸，把我所看到的全对她说了，满以为会使她难堪的——没这回事儿！她倒是放声大笑起来。

"您见到的很多，知道的却很少！您知道什么，不要多嘴！"

"我要是认真起来，去向司令官报告呢？"于是我摆出一本正经，甚至十分严厉的神气。她突然跳了一下，唱起来，像一只从灌木丛里惊起的小鸟，一下子不见了。我最后一句话说得实在不恰当，我当时并没有想到这话的严重性，后来可就懊悔莫及了。

天一黑，我就吩咐哥萨克勤务兵像行军中那样烧好了茶水，我点起蜡烛，在桌旁坐下，用旅行烟斗吸起烟来。我还没有喝完第二杯茶，门忽然吱嘎一声，我背后就响起衣裙窸窣声和脚步声。我打了个哆嗦，便转过身来——原来是她，我的水妖！她轻轻地、一声不响地在我对面坐下来，用一双眼睛盯着我，不知为什么,反正我觉得这目光充满柔情蜜意,这使我想起在过去的年代里曾使我如癫似狂的种种目光之一。她似乎在等我问话,我却一言不发,说不出有多么发窘。她一脸灰白色,透露出内心的激动。她的一只手毫无目的地在桌子上动来动去,我发现那手轻轻哆嗦着。她的胸脯一会儿鼓得高高的,一会儿又好像屏住呼吸。这幕喜剧开始使我不耐烦了,正想用最平淡的方式来打破这种沉默,也就是请她喝杯茶,她却忽然跳起来,用双臂搂住我的脖子,在我的嘴唇上就咂了一个湿滋滋、火辣辣的热吻。我的眼睛发黑,头脑发晕,于是我带着青春的火热劲儿把她紧紧搂在怀里,她却像条蛇似的从我怀里溜掉了,只是对着我的耳朵小声说了一句:“今天夜里等大家都睡了,你到海边来!”她就像箭一般从屋子里飞了出去。她在过道里把壶和放在地上的蜡烛都踢翻了。“哎呀,这鬼丫头!”哥萨克勤务兵叫起来,他坐在干草上,本来想喝喝剩茶暖和身子的。这时候我才回过神来。

过了有两个钟头,码头上什么声音也没有了,我推醒我的哥萨克勤务兵,对他说:“要是听到我开枪,马上到海边来!”他瞪大了眼睛,机械地回答说:“遵命,老爷。”我把手枪插在腰里,便走了出来。她在斜坡边上等着我呢,她穿的衣服极单薄,那细细的腰上缠着一条不大的围巾。

“跟我来!”她说着,拉住我的手,我们就往坡下走。我不明白,我怎么会没有摔断脖子。到了坡下,我们便向右拐,顺着昨天我跟踪小瞎子的路走去。月亮还没有升上来,只有两颗小星星在黑黝黝的天空闪烁着,像救命的灯塔。汹涌的海浪一个接一个均匀而有节奏地翻滚着,微微抬动着系在岸边的一条孤零零的小船。“咱们上船吧！”我的女伴说。我犹豫起来——我可不喜欢在海上浪游，但后退也不是时候。她跳上船，我也跟着她跳上去。我还没有回过神来，就发现船已经离岸了。“这是什么意思？”我很生气地说。“这意思就是，”她一面回答，一面把我按在板凳上，两条胳膊搂住我的腰，“这意思就是，我爱你。”她的脸贴到我的脸上，于是我在脸上感觉到她那股火辣辣的气息。忽然“扑通”一声，有什么东西掉到水里去了，我往腰里一摸——手枪没有了。啊，我心中顿时出现可怕的猜想，血往头脑里直涌！我回头一看——我们离岸已有五十俄丈远了，我又不会游泳！我想把她推开，她却像猫似的抓住我的衣服不放。突然，她使猛劲儿一推，险些把我推下海去。小船摇晃起来，但是我没有摔下去，于是在我们之间展开一场生死搏斗。愤怒给我增添了力量，但我很快就发现，我不如我的对手灵活……“你要干什么？”我紧紧抓住她的小手，大声说。她的手指头被我攥得咯吧咯吧直响，可是她没有叫：她那蛇一样的性格经受住了这样的疼痛。

“你看见了，”她回答说，“你会去报告的！”她使出一股猛劲儿，把我推倒在船边上，我们两个都有半个身子悬在船外，她的头发挨到了水，这是你死我活的时刻。我用一个膝盖抵住船底，稳住身子，一只手抓住她的头发，另一只手掐住她的喉咙，她把我的衣服放开了，我便一下子把她抛到海浪里。

天已经相当黑了，她的头又在浪花中闪了两次，就什么也看不见了……

我在船底找到半截旧桨，费了好大劲儿，好不容易靠上码头。我顺着海岸朝我的小屋走去，不由得朝昨夜小瞎子等候夜渡人的那地方望望。月亮已经升上天空，我似乎隐约看到有一个穿白衣服的人坐在岸上。我受好奇心驱使，悄悄走过去，伏在岸边悬崖上面的草丛里，我多少往外探了探头，就可以从悬崖上看清楚下面的一切动静。我一下子认出那是我的鱼美人，并不多么惊讶，倒是几乎感到高兴。她正在从她那长发里往外拧海水的泡沫，湿淋淋的衬衫勾勒出她那苗条的身段和高高的胸脯。不一会儿，远处出现了一条小船，小船很快地靠了岸。像昨天夜里一样，船上下来那个戴鞑靼帽的人，头发却剪成哥萨克式，腰里还挂着一把大刀。“杨柯，”她说，“全完了！”接着，他们就谈下去，但是声音非常小，我就什么也听不见了。“那么，小瞎子在哪儿呀？”最后杨柯提高嗓门儿问道。“我叫他拿东西去了。”她回答。过了几分钟，小瞎子背着一个大口袋来了。他把口袋放到小船上。

“小瞎子，你听着，”杨柯说，“你要守好那地方……明白吗？那儿的货物很值钱……你告诉……（我没有听清那名字），就说我不再在他手下干了，事情不妙，他再也看不到我了，现在很危险，我要到别处去找活儿干，他休想再找到这样大胆的人了。你还告诉他，本来给的报酬如果好一点儿的话，我杨柯是不会丢下他的。我到处都有路可走，只要那儿有风，有翻腾的大海！”杨柯沉默了一会儿之后，又说：“她要跟我走，她不能留在这儿了。你告诉老婆子，就说她该死了，活够本儿了，应该知道好歹。她也休想再见到我们了。”

“那么我呢？”小瞎子声音凄切地说。

“我要你干什么？”杨柯回答说。

这时我的水妖跳上船，朝杨柯招了招手，杨柯往小瞎子手里放了点儿什么，说：“给你，拿去买糖饼子吃吧！”“就这么一点儿吗？”小瞎子问。好吧，再给你一个。”接着就有一枚硬币“当”的一声掉在石头上。小瞎子没有去捡。杨柯上了船。风是从岸边往海上吹的。他们挂起小小的帆，很快地离岸了。白帆在月光下在黑乎乎的浪涛丛中闪烁了好一阵子。小瞎子一直坐在岸上，过了一阵子，我听到似乎有一种哭的声音。小瞎子是在哭，而且哭了很久很久……我心里难受起来。为什么鬼使神差，让我闯入齐心协力的走私贩子的宁静圈子中来呢？我就像一块石子被投到平静的水塘里，破坏了他们的安宁，自己也像石子一样险些儿沉到水底！

我回到屋里。在过道里，木盘里的残烛劈劈啪啪响着，我的哥萨克勤务兵没有把我的吩咐当成一回事儿，两手抱着枪，睡得沉沉的了。我没有叫醒他，端起蜡烛就朝屋里走去。哎呀！我的钱匣子、镶银的马刀、一位朋友送我的那把达吉斯坦短剑都不见了。这时我才猜想到，那该死的小瞎子刚才背的是什么东西。我毫不客气地把哥萨克勤务兵踢醒，把他骂了一顿，发了一顿火，可是有什么用呢！要是去向主管人报告，说一个瞎孩子把我偷个精光，一个十八岁的姑娘差点儿把我淹死，岂不是太可笑了吗？

谢天谢地，第二天一早就可以走了，于是我离开了塔曼。后来那个老婆子和可怜的小瞎子怎样了——我不知道。再说，人家的欢乐与苦难跟我这个到处游荡而且随身带着驿马使用证的军官有什么相干呀！……

二、梅丽公爵小姐

五月十一日

昨天来到五峰城，在城郊玛舒克山脚下最高处租了一所房子，在大雷雨的时候，乌云会垂到我的房顶上来。今天早晨5点钟，一打开窗子，屋子里就充满花香，那是从房前小小的花园里飘来的。正在开花的樱桃树枝儿向我的窗口伸来，一阵清风吹来，会把白色的花瓣撒到我的书桌上。从我这儿望去，三面景色都很优美。西面，五峰并峙的别什图山蓝莹莹的，宛如“暴风雨后的残云”[①]。北面，是高高的玛舒克山，好像一顶毛茸茸的波斯皮帽，遮住整个那一边的天际。朝东面望，更令人心旷神怡：下面我看到的是一座色彩斑斓的干净而清新的小城，富有疗效的矿泉水潺潺流着，操着各种语言的人群熙熙攘攘；再往远处看，一座座山峦逶迤伸展开去，像一座半圆形露天剧场，越远越蓝，也越苍茫，而在遥远的天边，一座座雪山连绵不断，像一条银链，打头的是卡兹别克山，结尾是双峰并峙的厄尔布鲁士山……住在这样的地方是惬意的！我全身的血管里都充溢着一种快感。空气又纯净又清新，像婴儿的吻；太阳明亮，天空湛蓝——还要怎样呢？还需要什么情欲、追求和悔恨呢？……不过，是时候了。我得到伊丽莎白温泉去，据说，凡是来温泉的人，早晨都要在那里聚会。

我往下走，走到小城中心，便顺着林荫道往前走去，在林荫道

①普希金《乌云》一诗中的诗句。

上遇到几伙儿愁眉苦脸的人慢慢地爬坡。那多半是草原上的地主人家:这从做丈夫的破旧的老式外套和妻子女儿非常讲究的服饰上立刻就可以猜度出来。显然,所有到温泉来的青年人他们都注意到了,因为他们都带着亲热的好奇神气把我打量了一番,彼得堡的常礼服式样使他们眼花缭乱,但是,一认出我的普通军人肩章①就气嘟嘟地转过脸去。

当地权贵的太太们,也可以说是温泉的女主人们,倒是多情一些。她们有长柄眼镜,她们不怎么注意军服,她们在高加索习惯了在带号码的纽扣②底下找到火热的心,在白色军帽③下发现有教养的头脑。这些太太非常和蔼可亲,而且能和蔼可亲很久！她们年年都要换一批新的崇拜者,也许这正是她们盛情殷殷的秘密所在。我顺着一条窄窄的小路上坡,朝伊丽莎白温泉走去,赶到一伙儿穿便服和军装的男子前头。后来我才知道,他们在疗养的人中间是一个特殊阶层。他们不喝矿泉水而喝酒,很少出来散步,追逐女人也不过是逢场作戏;他们赌钱,抱怨日子过得无聊。他们是公子哥儿,他们在把兜着的杯子往矿泉水井里放的时候,摆出一副学院派的姿势。穿便服的系的是淡蓝色领带,穿军服的衣领里都露着褶边儿。他们对外省女士流露出十分瞧不起的神气,艳羡京城的贵族客厅,却不得其门而入。

终于,来到井口……在井旁边的一块场地上,盖了一座红顶小房子,房子下面是浴池。再过去是一条游廊,下雨时游人就可以在里面散步。有几位负伤的军官收起拐杖,坐在长凳上,脸色

---

①表示不是近卫军。因此受蔑视。

②③皆指普通军人。

苍白，一副忧郁神气。有几位女士快步在场地上来来回回走着，等待矿泉水产生功效。在她们当中有两三张漂亮的脸蛋儿。在玛舒克山山坡上一丛丛葡萄藤中，不时闪现出花哨的女帽，那是寻找僻静的一对对情侣，因为我总会在这样的女帽旁边发现一顶军帽或一顶不像样的圆帽。在一处陡峭的山岩上有一座亭子，叫“风琴亭”。这儿站着不少观赏风景的人，用望远镜望着厄尔布鲁士山。其中有两位家庭教师，是带着自己的学生来治疗疾病的。

我走得气喘吁吁，便在山边上停了下来，靠在一座小房子的墙角上，欣赏起周围美丽如画的景色，忽然听见背后有一个熟悉的声音：

“毕巧林！来这儿很久了吗？”

我回头一看：是格鲁什尼茨基！我们拥抱了。我是在战斗部队里跟他认识的。他的腿被子弹打伤了，他比我早一个星期来到温泉。

格鲁什尼茨基是个士官生。他服役只有一年，穿着厚厚的士兵大衣，倒也别有一副派头。他挂着一枚士兵的乔治十字章。他身材很好，黑黑的皮肤，黑头发。看样子有二十五岁，其实未必到二十一岁。他说话的时候，总是仰着头，并且不时地用左手捻弄小胡子，因为右手拄着拐杖，说话又快又造作。有一种人，不论遇到什么场合，都会说一套现成的漂亮话，他们不会被真正美好的事物所打动，却煞有介事地装出一副具有超凡的胸怀、崇高的激情和特别的感触的样子——他就属于这种人。博取印象——是他们的一种乐趣，风流的外省女子对他们倾倒到发狂的程度。到了老年，他们或者成为安分守己的地主，或者成为酒鬼，有时两者都是。他们的心灵中常常有许多美好之处,却没有丝毫诗意。格鲁什尼茨基特别喜欢的是高谈阔论,只要谈话一超出一般见解的范围,他就会滔滔不绝地讲起来。我从来无法跟他争论。他不回答你的反驳,也不听你说话。只要你一住口,他就开始长篇大论,他的话从表面上看似乎跟你说的有些联系,实际上只是他的演说的继续发挥。

他说话相当俏皮,他说的俏皮话往往很风趣,但说话不中肯,不辛辣,不是一针见血。他不了解人,不了解别人最敏感之处,因为他一辈子关心的只是自己。他的目的——是成为小说中的英雄。他常常想方设法使别人相信,他生来不是人间俗物,注定要经受一番神秘的折磨,而他自己对这一点几乎也深信不疑。因此他十分骄傲地穿着他那厚厚的士兵大衣。我了解他,就因为这样他很不喜欢我,虽然表面上我们亲亲热热的。格鲁什尼茨基以骁勇过人著称,我见过他作战,他挥舞着马刀,叫喊着,眯着眼睛往前直冲。这似乎不是俄罗斯式的勇敢!……

我也很不喜欢他。我觉得,我跟他总有一天会狭路相逢,我们中间会有一个没有好下场的。

他来高加索,也是他的浪漫主义狂热的结果。我可以肯定,他在离开父亲的村子的前夜,会带着一脸忧伤的神情对一个漂亮的农家女子说,他出来不是平平常常地当兵服役,而是寻死,因为……他说到这里,肯定会用手捂住眼睛,又这样说下去:“不,您(或者你)不必知道这事儿!您的纯洁的心知道了会发抖的!而且又何必知道呢?我又算您的什么?您了解我吗?……”以及诸如此类的话。

他自己就对我说过,促使他进入某团的原因,将成为他和苍天之间永恒的秘密。

不过,格鲁什尼茨基在脱掉悲剧角色外衣的时候,还是相当可爱,相当有趣的。我看到他跟女人在一起,觉得很有意思。我心想:瞧吧,他多么带劲儿!

我们见了面,像老朋友一样。我向他问起温泉上的日子是怎样过的,有一些什么样的头面人物。

"我们的日子过得相当平淡。"他叹了一口气,说,"那些早晨喝矿泉水的,像一切病人那样萎靡不振;那些晚上喝酒的,像一切健康人那样令人生厌。一伙儿一伙儿的女人是有的,可是跟她们在一块没有多大味道。她们只会打打牌,打扮得又乡气,法国话说得又蹩脚。今年从莫斯科来的,只有一位李戈甫斯科伊公爵夫人和她的女儿,可是我不认识她们。我这件士兵大衣是不受欢迎的标志。它博得的同情就像施舍一样令人难受。"

就在这时候,有两位女士从我身旁走过,朝井边走去:一位上了年纪;另一位很年轻,很苗条。因为帽子遮着,我没有看清她们的脸。但是她们穿戴极其优雅,样样无可挑剔。年轻的身穿珍珠灰的高领连衫裙,柔软的脖子上围一条轻飘飘的丝绸围巾。一双深褐色皮鞋把她的纤足一直裹到踝边,显得那样好看,连一个不懂美的奥妙的人见了,哪怕由于惊讶,也会啊呀一声。她那轻盈而大方的步态具有一种清纯、难以捉摸而又亲切悦目的风韵。她经过我们身旁时,身上散发出一股难以形容的香气,亲爱的女人的书信有时就有这种气味儿。

"这就是李戈甫斯科伊公爵夫人,"格鲁什尼茨基说,"跟她在一起的是她的女儿梅丽——梅丽是她给女儿取的英国名字。

她们来这儿才三天。”

“不过,你不是已经知道她的名字了吗?”

“是的,我是偶然听到的。”他红了红脸,回答说,“老实说,我不想跟她们认识。这些傲慢的贵族把我们这些当兵的都看作野人。至于带号码的军帽底下是什么样的头脑,士兵大衣底下是什么样的心,关她们什么事?”

“好可怜的大衣呀!”我微微一笑,说,“哦,那位走到她们跟前那样殷勤地递给她们杯子的先生是什么人呀?”

“噢呀!那是莫斯科的公子哥儿拉耶维奇!他是个赌棍。这从他那蓝背心上挂着的老粗的金链子一下子就可以看出来。他那粗手杖简直跟鲁宾孙的一样,那算什么呀?还有他那大胡子,头发梳得跟庄稼汉一样。”

“你把整个人类都恨遍了。”

“这是有原因的……”

“噢!真的吗?”

这时那两位女士离开井边,来到我们这儿。格鲁什尼茨基连忙拄起拐杖,做出一个戏剧性的姿势,并且用法语大声回答我说:

“我的好哥儿,我痛恨人类,为的是免得瞧不起人类,不然的话,人生就成为太令人生厌的滑稽戏了。”

漂亮的公爵小姐转过脸来,送给这位好口才的一个长长的、好奇的眼波。那眼波的表情很难捉摸,但那不是嘲笑,因此我衷心地为他庆幸。

“这位梅丽公爵小姐实在太美了。”我对他说,“她有一双天鹅绒般的眼睛——就是像天鹅绒。我劝你,在谈到她的眼睛时,一定要用这个形容词——上下睫毛都很长，连阳光都照不到她的瞳仁。我很喜欢这一双没有反光的眼睛，这双眼睛十分柔和，似乎在抚摩你……不过，她的脸似乎更是无可挑剔……还有，那牙齿白不白？这一点很重要！可惜的是，她听了你的漂亮话没有对你笑一笑。”

“你谈一个漂亮女人，就像谈一匹英国马一样。”格鲁什尼茨基十分愤慨地说。

“我的好哥儿，”[①]我尽量模仿他的腔调，也用法语回答他说，“我瞧不起女人，为的是免得爱女人，不然的话，人生就成为太可笑的情节剧了。”[②]

我转身走了，离开了他。我在葡萄架下的小路上，在一块块岩石和岩石上生长的一丛丛灌木之间溜达了有半个小时。天气热起来了，于是我急忙往家走。在经过矿泉旁边的时候，我在有顶的游廊里停下来，要在游廊的阴凉里歇一会儿，这使我有机会看到一个十分有趣的场面。登场人物的位置是这样的：公爵夫人和那个莫斯科的公子哥儿坐在游廊里的长凳上，两个人似乎认真在谈什么事儿；公爵小姐显然已经喝完最后一杯矿泉水，正若有所思地在井边来来回回走着；格鲁什尼茨基紧靠井边站着。场地上再没有别的什么人了。

我走近些，躲在游廊的角落里。就在这时候，格鲁什尼茨基失手把他的杯子掉在沙地上，他使劲弯腰去拾杯子，可是受伤的那条腿碍他的事。好可怜呀！他拄着拐杖，不论怎样想方设法，

①原文为法文。

②原文为法文。

都没有用。他那张表情丰富的脸真的表现出痛苦的神情。

这一切梅丽公爵小姐看得比我更清楚。

她比小鸟更轻盈地飞到他跟前，弯下腰，拾起杯子，递给他，那动作真是说不出的优美。随后，她一张脸变得通红通红的，回头朝游廊看了看，相信她妈妈什么也没有看见，似乎立刻就放下心来。格鲁什尼茨基刚要开口说谢谢她，她已经跑远了。过了一会儿，她跟着母亲和那个公子哥儿从游廊里走出来，但在从格鲁什尼茨基身旁经过时，却摆出庄重和高傲的样子，连头都不转一下，也不理睬他那火辣辣的目光。他用那目光送了她很久，直到她下了山，消失在林荫道的椴树丛中……后来她的帽子又在街上闪过，她跑进了五峰城一座极讲究的房子的大门。公爵夫人跟着她走过去，在大门口跟拉耶维奇鞠躬告别。

这时候可怜的多情士官生才发现我在场。

"你看见了吗？"他紧紧握住我的手说，"这简直是一位天使！"

"为什么？"我装出单纯无心的样子问。

"难道你没看见吗？"

"哦，我看见了：她把你的杯子拾起来了。要是一个看守人在这儿，也会这样做的，而且更麻利些，因为希望得到几个酒钱。不过，显然，她是很可怜你的；你那条打穿的腿着地时，你那副脸相太可怕了……"

"当她脸上洋溢着一片热情的时候，难道你看了竟也一点儿不动心吗？"

"不。"

我是说谎,不过我是想惹他发火。我生来就喜欢作对。我整个的一生不过是一连串跟心灵或理智作对的可悲和失败的事例。跟古道热肠的人相处,我往往感到冷若冰霜。我想,如果常常跟死气沉沉的、冷漠的人打交道,我一定会变成一个热情洋溢的幻想家。我还要坦白地说,此时此刻我心里掠过一丝很不愉快而又很熟悉的感情,那就是嫉妒。我勇敢地说"嫉妒",是因为我惯于向自己承认一切。而且,未必有哪个年轻人(自然是指生活在上流社会,虚荣惯了的年轻人),遇到一个打动他的空虚心灵的漂亮女子,这女子忽然当着他的面公然垂青于另外一个跟她同样不相识的人,他会不受震动,不感到不快的。我敢说,未必有这样的年轻人。

我和格鲁什尼茨基一声不响地下了坡,从林荫道上走过,经过我们的美人儿走进去的那所房子的窗前。她坐在窗口。格鲁什尼茨基扯了扯我的手臂,向她投了一个含含糊糊的情波,当然,这样的眼波对女人是很少起作用的。我拿起带柄眼镜对准了她,就发现,她接到他的眼波后先是笑了笑,看到我无礼地举起带柄眼镜,生气得不得了。一个高加索军人竟敢拿眼镜对准一位莫斯科的公爵小姐,真是岂有此理!……

五月十三日

有一位医生来看我,他名叫魏奈,不过他是俄罗斯人。这有什么稀罕的?我认识一个姓伊凡诺夫的,是一个德国人[1]。

魏奈在很多方面都是了不起的人。他是一个怀疑主义和唯

[1]魏奈是德国人的名字,伊凡诺夫是俄国人的姓。

物主义者，几乎和所有的医生一样，但他同时又是诗人。而且是很地道的诗人——在行动上永远是诗人，在谈吐上也往往是诗人，虽然他这一辈子连两行诗也没有写过。他研究过人的变化多端的心弦，就像有些人研究尸体的血管一样，可是他从来不会运用他的知识，就好比一位优秀的解剖学家有时也不会医治疟疾！魏奈常常偷偷地嘲笑自己的病人，但有一次我看到他为一名要死的士兵痛哭……他很穷，梦想成为百万富翁，可是他不贪任何非分之财。他有一次对我说，与其借钱给朋友，不如借钱给敌人，因为这是花钱白做好事，其实一方的宽宏大量，只能加深另一方的仇恨。他的嘴很厉害，经他的嘴一挖苦，不止一个好人成了出名的混蛋。他的对手们，那些心怀妒忌的温泉上的医生，散布流言蜚语，说他画漫画嘲笑自己的病人，病人都火了，几乎都不找他看病了。他的朋友们，也就是一些在高加索服过役的真正正派的人，想方设法为他恢复败坏了的名声，可是毫无效果。

魏奈是这样一种人：乍一看是叫人不愉快的，但等到从那不端正的相貌中看出一颗饱经风霜的崇高心灵的印迹时，就叫人喜欢了。有不少事例说明，女人是会爱上这样的人，甚至会爱得发疯的，而且不愿意拿这样的人的丑陋去换取最鲜艳、最红润的恩底弥翁[1]式的美貌。应该为妇女们说句公道话，她们对于心灵美具有特别灵敏的感觉。也许就因为这样，像魏奈这样的人才如此热爱女人。

魏奈小小个头儿，又瘦又弱，像个孩子，他一条腿比另一条腿短，像拜伦一样。他的头跟身子相比，显得很大。他的头发剪得

①希腊神话中的牧人，相貌异常俊美。

很短，因而显露出头盖骨的凹凸不平，那凹凹凸凸的错综复杂程度，准会使骨相相士大吃一惊。他的一双黑黑的小眼睛总是滴溜溜转个不停，竭力要看透您的心思。他穿戴又雅致又整洁。他那一双露着青筋的瘦小的手一戴起淡黄色手套，就显得很好看。他的常礼服、领带和背心总是黑色的。年轻人都管他叫靡非斯特[①]，他听到这个绰号表示十分生气，实际上这使他沾沾自喜。我们很快就相互了解了，并且成了朋友，因为我是不善于交朋友的：两个朋友中总有一个是另外一个的奴隶，虽然往往谁也不承认这一点。当奴隶我是不干的，而在这种情形下役使人也是一种麻烦的事，因为同时还得进行欺骗。何况我自己有仆人，也有钱！我们是这样成为朋友的：我在某地许多闹闹嚷嚷的年轻人中间遇到了魏奈，晚会快结束的时候，谈话转到玄学方面，谈起信仰，各人的信仰都不相同。

“我呀，我只相信一件事……”医生说。

“什么事？”我很想知道这个一直不说话的人的想法，就问道。

“我相信，”他问答说，“或早或晚，我要在一个幸运的早晨死去。”

“我相信的要多些！”我说，“除了您说的，我还相信一件事，那就是，我是在一个最可恶的晚上不幸生下来的。”

大家都认为我们是在说废话，可是，说实在的，他们谁也没说过比这更有意思的话。从此以后，我们彼此就另眼相看了。我们常常相聚，常常在一起谈一些不着边际的问题，而且一本正经，直

①歌德长诗《浮士德》中的魔鬼。

到两个人都发现我们是在互相愚弄。这时,我们就会心地互相对看一眼,就像西塞罗[1]所说的罗马占卜官[2]那样,然后就哈哈大笑起来,笑够了,这才分手,就这样快快活活地度过一个黄昏。

我躺在沙发上,眼睛盯着天花板,两手枕在脑后,这时魏奈走了进来。他坐到安乐椅上,把手杖放到角落里,打了个哈欠,说外面热起来了。我回答说,使我不安宁的是苍蝇,然后我们两个都不说话了。

“请您注意,亲爱的医生。”我说,“世界上要是没有傻瓜,就太单调乏味了……瞧,咱们两个都是聪明人,咱们事先知道,不论什么事争论起来都没完没了,因此咱们就不争论,咱们彼此知道对方几乎所有的隐秘思想,一句话在我们就是整个故事,我们可以透过三层外壳看到对方每一种感情的内核。可悲的事我们觉得可笑,可笑的事我们觉得伤心。不过,说实在的,我们对一切都相当冷淡,只是除了对自己。所以,我们不可能交流感情和思想,我们想知道的,彼此已经知道了,就再也不想知道什么了;只剩了一个办法:讲讲新闻。那您就给我讲点儿什么新闻吧。”

我说了这一大篇话,觉得累了,就闭上眼睛,打了个哈欠。

他想了想,回答说:

“在您的一大篇废话里,还是有点儿什么意思的。”

“是两点儿!”我回答说。

“您给我讲一点儿,另一点儿我来讲。”

---

①西塞罗(前106—前43),古罗马政治家和哲学家。

②罗马占卜官根据鸟鸣和祭祀用牲畜的内脏预言未来之事。其实连他们自己也不相信这一套。

“好的，您先讲吧！”我依然望着天花板，心里暗暗笑着说。

“您是想知道来到温泉上的一个什么人的某些底细，而且我已经猜到您关心的是什么人，因为那一边已经在打听您了。”

“医生呀！咱们根本不需要谈话。咱们彼此把心思都看透了。”

“该您讲另一点儿了……”

“另一点儿就是：我想要您讲点儿什么事儿。因为，第一，听比讲省力气；第二，不会说漏了嘴；第三，可以知道别人的秘密；第四，因为像您这样的聪明人，喜欢听人说不如喜欢说给人听。现在言归正传：李戈甫斯科伊公爵夫人对您说过我一些什么？”

“您就认定是公爵夫人……而不是公爵小姐吗？”

“可以肯定。”

“为什么？”

“因为公爵小姐问起过格鲁什尼茨基。”

“您很有推断才能。公爵小姐是说过，她可以肯定，这个穿士兵大衣的年轻人是因为决斗降为士兵的……”

“我希望您让她保留这种愉快的误解……”

“当然。”

“好戏开场了。”我兴奋得叫起来，“咱们就看看这出喜剧怎样收场吧。显然是命运照顾我，让我不要太寂寞。”

“我预感到，”医生说，“可怜的格鲁什尼茨基将成为您的牺牲品……”

“您说下去，医生……”

“公爵夫人说，她觉得您很面熟。我对她说，想必是她在彼得堡一些社交场合遇到过您……我说了说您的名字。您的名字她是听说过的。看来,您的事在那里曾经轰动一时呢……公爵夫人讲起您的一些事。看样子,除了社交界的一些流言蜚语,还自己添枝加叶……她女儿听得津津有味。您在她的心目中成了新派小说里的英雄……我没有反驳公爵夫人,虽然我知道她是在信口胡扯。”

“够朋友!”我说着,向他伸出一只手。他动情地握了握,又接着说:

“您要是愿意的话,我来介绍您……"

“得了吧!”我两手一扬,说,“难道英雄还要别人介绍吗?英雄只有在生死关头挽救佳人时才跟佳人相识……”

“您真的想追求公爵小姐吗?……”

“不想,一点也不想!……医生,终于我赢了,您没有琢磨出我的心思!……不过,医生,这事也使我很苦恼。”我沉默了一小会儿之后,又说下去:“我从来不自动公开自己的秘密,却非常喜欢让别人猜一猜,因为这样的话,如果想赖,随时都可以赖掉。不过,您应该把他们母女向我描绘一番了。她们是什么样的人?”

“首先,公爵夫人是一个四十五岁的女人。”魏奈回答说,“她的胃极好,血液却坏了;脸上一块块红斑。她的后半生是在莫斯科度过的,在那儿生活安逸,身体发福了。她喜欢听不怎么正经的笑话,有时女儿不在屋里,自己也讲一些不太雅的事儿。她对我说过,女儿纯洁得像鸽子一般。这跟我有什么相干?……我真想回答她,叫她放心,这话我对谁都不会讲的!公爵夫人是来治风湿病的,女儿天知道是治什么病。我叫她们每人每天喝两杯矿泉水，每星期洗两次温泉澡。公爵夫人似乎不习惯支使人；很看重女儿的聪明和学识，女儿能读拜伦的英文原著，又懂代数。在莫斯科，显然有些小姐做起学问来了。真的，她们这样很好！我们一些男子实在很不可爱，跟他们调情，在一个聪明女子应该是受不了的。公爵夫人非常喜欢年轻人；公爵小姐却有点儿瞧不起年轻人，这是莫斯科风气！她们在莫斯科只赏识会说俏皮话的四十岁男子。"

"您在莫斯科待过吗，医生？"

"待过，我在那儿行过医。"

"您再说下去吧。"

"噢，不过，好像该说的都说了……对了！还有呢，公爵小姐好像喜欢谈论感情、爱好之类的话题……她在彼得堡待过一个冬天，她不喜欢彼得堡，尤其是那儿的社交界，想必她是受到什么冷遇。"

"您今天在她们那儿没见到什么人吗？"

"见到的，有一位副官，是一位很拘谨的近卫军，还有一位新来的太太，是公爵夫人丈夫家的亲戚，十分标致，但似乎病得很厉害……您在井边没有遇见过她吗？她中等身材，金黄头发，五官端正，脸色是肺痨病人的脸色，右腮上有一颗黑痣。她的脸表情之丰富，简直使我吃惊。"

"一颗黑痣！"我小声嘟哝说，"是真的吗？"

医生朝我看了看，一只手按住我的胸口，得意洋洋地说："您认识她呢。"我的心确实比平时跳得猛烈。

"这下子轮到您赢了。"我说，"不过我信得过您，您不会出卖我的。我还没有见过她,但可以肯定,从您的描绘中认出了我以前爱过的一个女子。您不要对她说到我一个字,要是她问起来,您只管说我的坏话就是了。”

“好吧。”魏奈耸耸肩膀说。

他一走,我就深深感伤起来,心里沉甸甸的。是命运要我们在高加索重逢,还是她知道会在这儿遇到我而特地赶来的?……我们又怎样见面呢?……还有,这究竟是不是她呢?……我的预感从来没有错。天下再没有人像我这样摆脱不掉往事的缠绕:每想起过去的悲伤或欢乐,心里就阵阵酸楚,往事历历浮上心头。我生就的痴心,忘不了旧情点点滴滴。

下午6点钟左右,我朝林荫道上走去,那儿有一群人。公爵夫人和小姐坐在一条长凳上,周围有不少年轻人,争先恐后地向她们献殷勤。我在不远处另一条长凳上坐下来,叫住两位熟识的军官,给他们讲起一桩事儿,显然我讲得很好笑,因为他们像发了疯似的哈哈大笑起来。小姐周围有几个人受好奇心驱使,来到我这儿,其余的一些人也一个一个地离开她,加入我这一伙儿。我不停地讲,我的笑话俏皮得要命,嘲笑从旁边路过的一些怪模怪样的人,尖酸无比……大家听得非常快活,一直到太阳落山。有好几次公爵小姐挽着母亲的胳膊,并且由一个瘸腿的小老头儿陪着,从我身边走过,她的目光几次落在我身上,流露出懊恼的神气,虽然竭力装作毫不在意……

“他给你们讲的是什么呀?”她问一个出于礼貌回到她身边的年轻人,“准是非常动人的故事———他在战斗中的英雄事迹,是吗?……”她说这话声音很大,想必是故意刺激我的。“啊哈!”我在心里说,“亲爱的小姐,您生气生得不小呢。等着瞧吧,还有好戏在后头呢!”

格鲁什尼茨基像只饥饿的野兽似的盯着她,眼睛一刻也没有离开她。我可以打赌:明天他准会请一个什么人把他介绍给公爵夫人。她会非常高兴的,因为她感到寂寞了。

五月十六日

在这两天里,我的事大有进展。公爵小姐把我恨死了。有人已经把她说我的两三句挖苦话转告我了,挖苦得相当尖刻,但又使我感到十分荣幸。她感到十分奇怪,像我这样一个人,出入上流社会惯了的,又和她在彼得堡的一些表姐妹和姑妈、姨娘那样亲近,竟不想方设法跟她结识。我们每天都在井边和林荫道上相遇,我使出浑身解数,吸引她的追逐者——精神抖擞的副官、脸色苍白的莫斯科人和另外一些人,几乎总是成功的。我一向恨死了在家里招待客人,可是现在我这儿天天宾客盈门,吃午饭,吃晚饭,打牌。呜呼,我的香槟酒竟胜过了她那一双勾魂摄魄的眼睛!

昨天我在契拉霍夫的铺子里遇到她,她要买一条精美的波斯毯,正在讲价钱。小姐央求妈妈不要心疼钱,这条毯子会把她的闺房装饰得多么漂亮呀!……我多出四十卢布把这条毯子抢买过来,我因此得到她赏赐一眼,那一眼充满最令人销魂的嗔怒。午饭前后,我吩咐把毯子披在我的契尔克斯马身上,牵着马特意从她窗前走过。魏奈当时正在她们家里,后来他告诉我,这场戏的效果是最富有戏剧性的。小姐想招兵买马来对付我。我甚至发现,已经有两位副官当她在场时跟我只是冷冷地点点头了,尽管他们天天都在我这儿吃饭。

格鲁什尼茨基摆出一副神秘莫测的样子:两手抄在背后走来走去,对谁也不理睬。他的腿忽然好了,走路几乎不瘸了。他找到机会跟公爵夫人聊起来,并且对小姐说了些恭维话。她显然不怎样挑剔了,因为从此她就用最温柔的微笑回答他的鞠躬。

"你一点不想跟李戈甫斯科伊一家人结识吗?"他昨天问我。

"一点不想。"

"得了吧,这在温泉上是最令人愉快的家呢!此地的精华全汇集在那儿了!……"

"我的好哥儿呀,就连外地的精华我也讨厌透了。你经常到她们家去吗?"

"还没去过呢。我不过跟小姐说过两三次话儿,你也知道,这样就贸然上人家家里去,有点儿不合适,虽然此地就兴这样……如果我戴上肩章,那就是另一回事儿……"

"得了吧,你倒是这样更招人喜欢多了!你简直不会利用自己的有利地位:一件士兵大衣会使你在任何一位多情小姐眼里成为英雄,落难的英雄。"

格鲁什尼茨基得意地笑了笑。

"别瞎扯吧!"他说。

"我可以肯定,"我又说,"小姐已经爱上你了。"

他的脸一下子红到耳朵,并且神气起来。

虚荣心呀,虚荣心!你真是阿基米德想拿来撬起地球的杠杆!

"你总是开玩笑。"他装着生气的样子说,"首先,她还不怎么了解我呢……”

“女人就爱她们不了解的人。”

“可我根本无意讨她喜欢呀，我只是想结识这令人愉快的一家。如果我有什么指望，那就太可笑了……如果是您，那就是另一回事儿了！您在彼得堡百战百胜，只要眼睛一瞟，女人就酥了……不过，毕巧林，你可知道，她说你什么来着？……”

“怎么，她已经对你说过我了？……”

“不过，你不要高兴。我有一回跟她在井边说起话儿，那是很偶然的。她才说了两句，接着就问：‘那位先生目光那样令人不快、令人受不了，那是什么人呀？他跟您在一起的，就是那天……’她想起她做的好事，脸红了红，不愿说出是哪一天。我就回答说：‘您不必说是哪一天，那一天我永远记得的。’我的好朋友毕巧林呀，她对你的印象才坏哩……唉，真可惜呀！因为梅丽太可爱了！……”

应该指出，有些人谈到女人，即使刚刚认识，只要这女人有幸使他们喜欢，他们就要管她叫“我的梅丽”“我的莎菲”，格鲁什尼茨基就属于这一类人。

我摆出一本正经的样子，回答他说：

“是的，她长得不错……不过，格鲁什尼茨基，你要当心！俄罗斯小姐多半追求的只是柏拉图式的爱情，不带有结婚的意图，柏拉图式的爱情是最不安宁的。有些女人是希望男人让她们开心，公爵小姐似乎就是这种女人。她在你身边要是一连有两分钟感到无聊，你就彻底完了。你沉默不语，必须挑动她的好奇心；你说起话来，必须让她的好奇心永远得不到完全满足；你要时时刻刻让她心神不宁。她会一次又一次公开表示为了你不顾舆论，并且把这叫作牺牲，而为了取得补偿，就会折磨起你来，以后还会干脆说，她看见你就受不了！你要是不能控制她，就是得到第一次吻，未必能得到第二次。她跟你调情调够了，过一两年就会乖乖地听妈妈的话去嫁给一个丑八怪，并且会使自己相信，她命里就是不幸的，会说，她只爱过一个人，那就是你，可是上天不让她跟你结合，因为你穿的是士兵大衣，尽管在这件厚厚的灰色士兵大衣里面跳动着一颗热诚而高尚的心……”

格鲁什尼茨基用拳头在桌上一擂，就在房间里前前后后踱了起来。

我在心里哈哈大笑，而且有一两次微微笑出来，幸亏他没有发觉。显然他已堕入情网，因为他比原来更轻信了。他甚至戴起一只本地造的镶黑银的戒指，我觉得这很值得研究！我仔细观察起来，这是怎么一回事儿呀？原来戒指背面用小字刻着梅丽的名字，旁边还刻了她捡起那只值得纪念的杯子的日子。我没有说出我这一发现，我不想迫使他承认！我要他自动选择我做心腹，那样我就可以开开心了……

今天我起身很晚，来到井边，已经没有一个人了。天气渐渐热起来，一朵朵蓬松的白云从白雪皑皑的高山那边急驰而来，预示大雨即将来临。玛舒克山顶云雾缭绕，好像一支刚熄灭的火炬。一缕缕灰云像蛇一般缠绕在山顶周围，轻轻飘动着，好像在飞驰中被山上带刺的灌木挂住，飞不掉了。空气中充满雷电的气息。我走到通山洞的葡萄荫下的小道深处，不由得惆怅起来。我想起医生对我讲的那个腮上有痣的年轻女子。她来这儿干什么？……是不是她呢？我为什么认定那就是她呢？……为什么竟然如此深信不疑呢？腮上有痣的女子不是很多吗？我这样思索着，不觉来到山洞口。我一看：在洞口阴凉下石凳上坐着一个女子，头戴草帽，围着黑围巾，头低垂在胸前，脸被草帽遮住。为了不打扰她的沉思遐想，我已经想转身走了，这时她抬头朝我看了看。

"薇拉！"我不禁叫起来。

她打了个哆嗦，脸一下子白了。

"我知道您在这儿。"她说。我挨着她坐下来，握住她的手。一听见她那可爱的声音，我浑身的血管一阵颤动，这已经很久不曾有过了。她用她那深沉而安详的眼睛望望我的眼睛，她的眼睛里流露着不信任和类似责备的神情。

"咱们很久没见面了。"我说。

"很久了，而且咱们都变了很多！"

"就是说，你已经不爱我了吗？……"

"我嫁人了。"她说。

"又嫁人了？不过，几年前这种理由不也同样存在吗？可是那时候……"

她从我手里抽出手，两腮红了起来。

"也许，你爱你的第二个丈夫吧？"

她没有回答，并且扭过头去。

"还是他的醋劲儿太大？"

她仍然不作声。

"究竟怎么回事儿呀？是他年轻，漂亮，特别有钱，而且你怕……"我抬眼一看她，吓了一跳：她的脸流露着深深绝望的神情,眼里噙着泪水。

“你还是告诉我,”她小声说,“你折磨我,自己感到很快活吗?我倒是应该恨你的:自从咱们相识以来,什么也没有给我,除了痛苦……”她的声音打起哆嗦,她朝我弯下身来,把头放到我的胸前。

我心想:“也许就因为这样你才爱我呢:欢乐易逝,悲伤难忘呀!……”

我紧紧搂住她,就这样我们待了好一阵子。终于我们的嘴唇凑到一起,融成一个热辣辣的、醉人的吻。她的手冰凉,头热得发烫。于是我们说起话儿,不过这些话儿形诸笔墨就会失去原意,也无法复述,甚至也无法记住,因为声音的含义代替和补充了语言的含义,像意大利歌剧里那样。

她怎么也不肯让我结识她的丈夫——就是我在林荫道上见过一眼的那个瘸腿小老头儿。她是为了儿子才嫁给他的。他很有钱,患有风湿病。我不敢说一句取笑他的话,因为她像尊敬父亲那样尊敬他!但也会像欺骗丈夫那样欺骗他!……总之,人心是件怪东西,尤其是女人的心!

薇拉的丈夫谢苗·瓦西里耶维奇是李戈甫斯科伊公爵夫人的远亲。他住在她家旁边,薇拉常常到她家去。我答应她去结识李戈甫斯科伊一家,并且追求公爵小姐,以转移视线,免得大家注意她。这样做,一点也不会打乱我的计划,而且我会很快活的!

快活呀!……是的,我已经度过了那个精神生活时期,那时只是追求幸福,那时的心感到必须强烈而火热地爱一个什么人;现在我只是希望被人爱,而且只是被很少的人爱;甚至我觉得,只要能有人始终恋着我就足够了:人心的可怜习性呀!……

我只是一直感到奇怪:我从来没有做过我所爱的女子的奴隶,相反,我总是具有不可抗拒的权力,完全能操纵她们的意志和心,而且不必花什么力气。这是什么原因?是不是因为我从来不把什么看得太重,而她们却时时刻刻担心我会从她们手里跑掉?也许这是强壮的肌体的磁性作用?还是我根本没遇到过性格刚强的女子?

应该承认我的确不喜欢个性很强的女子,女人要刚强干什么?

对了,我现在想起来:有一次,只有一次,我爱过一个个性刚强的女子,我始终不能使她俯首帖耳……我们像敌人一样分手了。也许,如果我晚五年遇到她,我们不会那样分手的……

薇拉有病,病得很厉害,虽然她并不承认。我担心她有痨病或者另外一种病,这种病在法语里叫作慢性虚热——这根本不是俄国人的病,而且在俄语里也没有这种病的名称。

大雨来时我们还在山洞里,这使我们多待了半个钟头。她并不要我对她海誓山盟,也不问我两人分手后有没有爱过别人……她又像过去那样毫无顾虑地信任我了;我也不会欺骗她的:她是世界上我唯一无法欺骗的女子!我知道,我们很快又要分手,也许就是永别,各人走各人的路,直到坟墓。但对她的怀念会牢牢地留在我心里。我总是这样反复对她说,她也相信我,尽管她嘴上说不相信。

终于我们分手了。我目送她好一阵子,直到她的帽子隐没到树丛和岩石后面。我的心憋得难受,就像当年第一次分手时那样。啊,我多么高兴有这种感情呀！莫不是青春带着它那能使万物复苏的暴风雨想重新回到我身上,或者这只是青春临别的一瞥,是留作纪念的最后一份礼物？……可是,想到我的外貌还像个孩子,我觉得实在可笑:脸虽然苍白,但还娇嫩,四肢灵活而匀称,浓浓的鬈发一团又一团,眼睛闪闪放光,热血沸腾……

我回到住处,骑上马,驰入草原。我爱骑一匹烈马,顶着旷野的风,在高高的草丛中奔驰。我如饥似渴地吞吸芳香的空气,放眼眺望碧色的远方,竭力捕捉那越来越清楚的景物的模糊轮廓。不论什么样的痛苦压在心头,不论什么样的操心事缠绕脑际,一下子都会烟消云散,心里会感到轻松,身体的疲劳会消除精神的不宁。看着南方阳光照耀下的郁郁苍苍的群山,看着蔚蓝的天空,或者听着流水从一个悬崖落到另一个悬崖的哗哗响声,就没有我不能忘记的女人的秋波了。

我想,那些在瞭望台上闲得打哈欠的哥萨克哨兵,看到我漫无目的地纵马驰骋,会纷纷猜测,纳闷很久,因为他们看到我的服装准会把我当成契尔克斯人。的确有人对我说过,我穿上契尔克斯服装骑在马上,比许多卡巴尔达人还像卡巴尔达人。确实,穿上这套讲究的军装,我就成了十足的花花公子:没有一条饰带不配称,武器名贵而装饰大方,皮帽上的毛不长也不短,长筒袜和皮靴都十分合脚,紧身上衣雪白,契尔克斯袍深棕色。我花过很多工夫学山民的骑马姿势,因此再没有什么比承认我的骑术是高加索路数的更能使我沾沾自喜的了。我养着四匹马:一匹自己骑,三匹给朋友骑,免得一个人在田野上跑没有味儿。朋友们很高兴来牵我的马,却从来不跟我一起驰骋。已经是下午6点钟了,我才想起该吃午饭了;我的马累坏了,我骑着上了大路,那是从五峰城通往德国侨民区的,温泉上的人常常到那儿去野餐。这条路弯弯曲曲从灌木丛中通过,往下进入几条不大的山沟,山沟里高高的草丛下有哗哗的小溪流过,周围像一座半圆形露天剧场似的矗立着一座座高大的青山,有别什图山、蛇山、铁山和秃山。我进入这样一条山沟,当地人叫作冲沟的,停下来饮马。这时候大路上出现了一伙儿闹闹哄哄、服装华丽的骑马人:女士们穿着黑色和淡蓝色骑装,男伴们穿着契尔克斯式和下诺夫哥罗德式混合服装,走在前面的是格鲁什尼茨基和梅丽小姐。

温泉上的女士们还担心契尔克斯人大白天会出来袭击:大概就因为这样,格鲁什尼茨基的士兵大衣外面挂了一把马刀和两支手枪。他这副英雄打扮非常可笑。一丛高高的树棵子把我遮住,他们看不见我,我却可以从枝叶缝里看到一切,并且可以从他们脸上的表情猜到,他们的谈话是很动情的。终于他们靠近了斜坡,格鲁什尼茨基抓住缰绳把小姐的马勒住,于是我听到了他们谈话的结尾:

“您就想一辈子待在高加索吗?”小姐说。

“我回俄罗斯有什么意思呀!”她的男伴回答说,“那地方,许许多多人因为比我有钱,会瞧不起我;这儿就不同,这件厚厚的大衣并不妨碍我跟您结识……”

“倒是恰恰相反……”小姐红了红脸,说道。

格鲁什尼茨基面露得意之色。他又接着说:

“在这儿,在野蛮人的枪弹下,我的生命会热热闹闹、不知不觉、飞快地逝去。只要上帝每年让我得到一位女子的明亮的一瞥,就像那……”

这时候他们来到我跟前,我照马抽了一鞭,我的马便从树棵子后面跳了出来……“我的天呀,契尔克斯人!……”[①]小姐吓得叫起来。

为了完全消除她的疑虑,我微微弯弯身子,也用法语回答说:

“不要怕,小姐,我不比您的英雄更危险。”

她发起窘来——可是为什么呀?是因为自己错了,还是因为她觉得我的回答太无礼?我倒希望后一种猜测是对的。格鲁什尼茨基向我投来很不满意的一瞥。

时间已经很晚,大概11点钟了,我朝街心公园走去,到椴树荫下去散步。小城已沉沉入睡,只有几个窗子里还亮着灯火。三面都矗立着玛舒克山的支脉,一座座悬崖黑乎乎的,山顶上覆盖着一片阴沉沉的乌云,月亮已经在东方升起,远处白雪皑皑的群山闪闪发亮,像一条银色流苏。哨兵的吆喝声和夜间无人干扰的温泉流泻声混成一片。街上有时响起嘚嘚的马蹄声,伴随着诺盖式四轮大车的辘辘声和凄怆的鞑靼民歌声。我坐到一条长凳上,沉思起来……我觉得很需要说说心腹话儿,诉一诉衷肠……可是跟谁呢……“薇拉现在在干什么?”我想着……只要此时此刻能握握她的手,我不惜付出任何代价。

我忽然听见又快又不均匀的脚步声……想必是格鲁什尼茨基……果然不错!

“从哪儿来?”

“从李戈甫斯科伊公爵夫人家。”他神气活现地说,“梅丽唱

①原文为法文。

得多好呀！……”

“你知道吗？”我对他说，“我可以打赌，她不知道你是一个士官生，她以为你是一位降级的军官呢……”

“也许是吧！这关我什么事！……”他毫不在乎地说。

“不，我这只是随便说说……”

“你可知道，你今天把她气坏了？她认为这是闻所未闻的粗野无礼。我好不容易才使她相信，你是受过良好教育的，熟悉上流社会，绝不是有意侮辱她。她说，你的眼神十分傲慢，你一定自视甚高。”

“她没有说错……你不想保护她吗？”

“可惜，我还没有这种权利……”

“啊哈！”我在心里说，“显然他已经抱着希望了……”

“不过，这对你更不利了。”格鲁什尼茨基又说下去，“现在你想跟她们结识就难了，真可惜呀！在我认识的人家中，这可是最令人愉快的一家……”

我在心里笑了笑。

“在我来说，现在最令人愉快的就是我自己的家。”我打着哈欠说，并且站起来要走。

“不过，你还是说实话，你不后悔吗？……”

“笑话！只要我高兴，明天晚上就到公爵夫人家里去……”

“那咱们瞧吧……”

“为了让你开心，我甚至可以去追求公爵小姐……”

“好哇，只是要等她什么时候愿意跟你说话……”

“只要等到她厌烦了你的谈话的时候就行了……再见

吧！……”

“我可要去转转——现在我一点也不想睡……你听我说，咱们不如到饭馆里去，那儿有赌局……我今天很需要强烈感受……”

“那我祝你好手气……”

说完我就回家了。

五月二十一日

过了差不多有一个星期，我还没有去结识李戈甫斯科伊公爵夫人一家。我在等待适当的机会。格鲁什尼茨基像影子一样到处跟着公爵小姐，他们谈起来没完没了——他什么时候才使她厌烦呀？……她妈妈不注意这事儿，因为他没资格求婚。这就是做母亲的逻辑！我窥察出两三道柔情的眼波——这事儿不能再这样下去了。

昨天在井边第一次出现了薇拉……自从我们在山洞里相会以后，她没有出过门。我们在同一时间把杯子放下去，她弯下腰，小声对我说道：

“你就是不肯结识李戈甫斯科伊一家！……咱们只有在那儿才能见面呀……”

责怪起来了！……真烦人！不过我该责怪……

说来也巧，明天饭馆大厅里将举行募捐舞会，我要跟公爵小姐跳玛祖卡舞了。

五月二十二日

饭馆的大厅变成贵族俱乐部大厅。9点钟，人都到齐了。公爵夫人和女儿到的比较晚。很多女士怀着妒意和不善的用心把公爵小姐打量了一番，因为她打扮得太雅致了。那些自命为此地贵族靓女的，藏起妒意，纷纷凑到她跟前。有什么办法呢？凡是女人成堆的地方，立刻就会出现高等和低等两个圈儿。格鲁什尼茨基站在窗外一群人当中，脸贴在玻璃上，目不转睛地望着他的女神。她从旁边走过，微微朝他点了点头。他的脸像太阳一样放起光来……跳舞是从波兰舞开始的，随后奏起华尔兹舞曲。踢马刺丁丁响起来，裙子的下摆飘起来，旋转起来。

我站在一位头上插粉红色羽毛的胖太太后面。她那衣服的华丽使人想起鲸须架式筒裙时代[①]，而她那斑斑驳驳、疙疙瘩瘩的皮肤却使人想起用黑色塔夫绸做花斑的美好日子。她脖子上最大的一颗赘疣用宝石项链遮着。她对她的男伴——一位龙骑兵大尉说：

"这个李戈甫斯科伊公爵小姐是一个顶顶讨厌的黄毛丫头！您想想看，她撞了我一下，也不赔个礼，还回过头来拿带柄眼镜对我瞧瞧。真是岂有此理！[②]……她有什么好神气的呀？真该好好地教训教训她……"

"这好办！"那位殷勤的大尉回答过，便朝另一个房间走去。

我立刻走到公爵小姐跟前，请她跳华尔兹舞，因为按照此地风气可以随便请陌生女子跳舞。

她好不容易憋住笑，掩藏起得意神气。不过她很快就装出一副十分冷淡，甚至严厉的样子：她大大咧咧地把一只手搭在我的

①16—19世纪在欧洲流行一种筒裙，里面用鲸须撑着。

②原文为法文。

肩上，把头微微朝一边歪了歪，我们就跳起来。我没见过比这更肉感更柔软的腰肢了！她那青春的气息轻轻拂着我的脸。有时一绺头发在华尔兹舞的旋风中从一头鬈发中飘散出来，在我火热的面颊上滑过……我跳了三圈。(她跳华尔兹跳得出色极了。)她娇喘吁吁，两眼迷离，半张着的嘴唇好不容易小声说了句应酬话："谢谢，先生。"[①]

沉默了几分钟之后，我装出一副最恭顺的样子，对她说：

"小姐，我听说，虽然跟您还不认识，我已经不幸得到您的反感了……您认为我粗野无礼……这是真的吗？……"

"您现在是想要我相信这种看法是对的吗？"她扮出一副嘲讽的模样回答说，不过，那模样倒是跟她那张活泼的脸很相称的。

"要是我有什么地方冒昧，得罪了您，那就请您允许我更冒昧地请求您原谅……真的，我倒是很希望向您证明，您把我看错了……"

"这在您会是很难的……"

"为什么？"

"因为您不常常在我们家，而这样的舞会恐怕也不是常常举行的。"

我心想，这就是说，她们家的门对我永远关起来了。

"您要知道，小姐，"我有些懊恼地说，"任何时候都不应该抛弃一个悔罪的罪人，要不然他会因为绝望，犯下更大的罪过……到那时候……"

在我们周围响起一片哄笑声和叽咕声，我没有把话说完，就回过头去。在离我几步远处站着一伙儿男人，其中有那位龙骑兵

①原文为法文。

大尉，对可爱的公爵小姐流露出明显的敌意。他不知为什么特别得意，搓着手，哈哈大笑着，跟同伙儿们挤眉弄眼。忽然从他们当中走出一位先生，穿燕尾服，留着长长的小胡子，一张脸红红的，踉踉跄跄地直冲着公爵小姐走来：他是个醉汉。他站到发窘的公爵小姐面前，两手抄到背后，拿色眯眯的眼睛直盯着她，用嘶哑的尖嗓门儿说：

“请吧……嗯，这有什么！……我只是请您陪我跳跳玛祖卡舞……”

“您要做什么呀？”她用打哆嗦的声音说，一面向周围投出求救的目光。糟糕！她母亲离得很远，她熟识的男伴附近一个也没有，只有一位副官，似乎看到了这一切，可是躲到一堆人后面去了，免得卷入是非中来。

“怎么样呀？”醉汉对那位打手势鼓励他的龙骑兵大尉挤挤眼睛之后，又说，“难道您不赏脸吗？……我还是再一次斗胆请您跳玛祖卡舞……您也许以为我醉了吧？这没事儿！……这要潇洒多了，我可以向您保证……”

我看出来，她又害怕又气愤，眼看着要晕倒了。

我走到醉汉跟前，紧紧抓住他的胳膊，瞪了他一眼，叫他走开。我又说，因为她早就答应跟我跳玛祖卡舞了。

“噢，那没有办法了！……等下一次吧！”他笑了笑说，然后就走到那些自讨没趣的同伙儿跟前，那伙儿人立刻把他搀到另一个房间里去了。

我得到的奖赏是深深的、令人销魂的一眼。

小姐走到母亲身边，一五一十对她说了。她母亲在人群中找到我，向我道谢。她对我说，她认识我妈妈，并且和我的半打姑妈、姨娘都很要好。

“我不知道怎么会这样，咱们在这以前一直不认识。”她又说，“不过您要承认，这全得怪您：您见人就腼腆，腼腆得不得了。我希望，我家客厅里的空气能吹散您的忧郁……不是吗？”

我对她说了一句人人在这类场合都会说的现成话。

卡德里尔舞跳了很长时间。

终于乐队奏起玛祖卡舞曲，我和小姐坐了下来。

我一次也没有提那个醉汉的事，也不提我以前的所作所为，不提格鲁什尼茨基。刚才不愉快的一幕留给她的印象渐渐消失了，她的一张脸放起光来，她说起笑话非常可爱，她的话很俏皮，但不是故作俏皮，又生动又活泼，她的见解有时也很深刻……我用十分隐晦的话向她表示，我早就喜欢她了。她低下头，微微红了红脸。

“您真是一个怪人呀！”然后她抬起她那天鹅绒般的眼睛看了看我，不自然地笑了笑，说。

“我一直不想跟您认识，”我继续说，“是因为有老大的一群爱慕者把您包围着，我怕我夹在他们中间会连影子都没有了。”

“您这种怕是多余的！他们都是顶乏味的……”

“都是吗？难道都是这样吗？”

她对直地朝我看了看，似乎在竭力回想什么事儿，然后又微微红了红脸，终于斩钉截铁地说：“都是！”

“连我的朋友格鲁什尼茨基也是吗？”

“他是您的朋友吗？”她流露着几分怀疑的神气问。

“是的。”

“他当然不属于乏味的一类……”

“不过属于不幸的一类喽。”我笑着说。

“当然啦！不过，您觉得好笑吗？我倒希望您设身处地替他想想……”

“那有什么？我当年也做过士官生，说实话，那还是我一生最美好的时期呢！”

“难道他是士官生？……”她很快地说，接着又补充说：“我还以为……”

“您以为怎样？……”

“没什么！……那位太太是什么人呀！”

于是改变了话题，再也没有回到原来的题目上来。

玛祖卡舞结束了，我们就分手——再见。女士们纷纷走了……我去吃晚饭，遇到了魏奈。

“啊哈！”他说，“您就这样啊！您还说非要在生死关头把公爵小姐救出来，才跟她结识呢！”

“我做得更好些，”我回答他说，“我在舞会上把她从昏厥中救出来了！……”

“是怎么一回事儿？您说说吧！”

“不，您猜猜吧，反正天下什么事您都能猜得出来！”

五月二十三日

晚上7点钟左右，我在林荫道上散步。格鲁什尼茨基老远看到我，就走到我跟前。他的眼睛里闪烁着一种可笑的兴高采烈的

光芒。他紧紧握了握我的手,用悲剧式的声调说:

“谢谢你,毕巧林……你明白我的意思吗?”

“不。不过,无论如何不值得感谢。”我回答说,因为凭良心说,确实我没有做什么好事。

“怎么不值得?昨天的事呢,你难道忘了?……梅丽全对我说了……”

“怎么?难道你们现在一切都已经是共同的了?连感谢都在一起了吗?”

“你听我说,”格鲁什尼茨基一本正经地说,“你要是还想做我的朋友,那就别拿我的爱情开玩笑了……你要知道:我爱她爱得要发疯了……我想,我希望,她也同样爱我……我对你有一个请求:你今天晚上就到她们家里去……你要替我把什么都观察一番。我知道,这种事你有经验,你比我更了解女人……女人呀,女人!谁懂得女人的心?她们的笑常常反对她们的眼神;她们的话给人希望,引诱你,她们的腔调却又拒人于千里之外……有时她们一下子会领悟和猜透我们最隐秘的心思,有时却不明白最明显的示意……就拿公爵小姐来说吧,昨天她的眼睛看着我的时候,还是热情洋溢的,今天那一双眼睛却黯然无光,冷冰冰的了……”

“这也许是温泉水起了什么作用吧。”我回答说。

“你对什么事情都看坏的一面……唯物主义者!”他鄙夷地加了一句。“不过,咱们换换物质①吧!”他因为自己说了这句不高明的双关俏皮话,得意起来。

8点多钟,我们一起朝公爵夫人家走去。

①俄语“物质”一词又可作“话题”解。

从薇拉窗前经过时，我看见她在窗口。我们彼此匆匆看了一眼。我们到后不久，她也走进公爵夫人家客厅。公爵夫人把我介绍给她，并说这是她家亲戚。我们喝茶，客人很多，大家在一起说话儿。我想方设法讨公爵夫人喜欢，说着笑话，好几次逗得她很开心地大笑；小姐有几次也想大笑，但她憋住了，免得把她扮演的角色演走了样，她认为摆出娇慵无力的神态在她最合适——也许这是不错的。格鲁什尼茨基似乎很高兴，因为我的快活劲儿并没有感染她。

用过茶后，大家朝大厅里走去。

"我听你的话，薇拉，满意吗？"我从她身边走过时，说。

她向我丢了一个含情脉脉和感谢的眼色。我习惯了这种眼神，但当年这种眼神确实使我感到幸福。公爵夫人叫女儿坐到钢琴前。大家都要她唱点儿什么，我没有作声，而且利用这闹哄机会和薇拉走到窗前，她想说说对我们两个都很重要的事·…结果说的都是废话……

然而我的冷漠却惹恼了公爵小姐，这我从她那气嘟嘟的发亮的一瞥就可以猜出来……啊，我太懂得这种短促而有力、没有声音而含义丰富的语言了！……

她唱起来，她的嗓子不坏，唱得却不好……不过，我没有听。

格鲁什尼茨基却把胳膊肘支在钢琴上，面对着她，眼睛直勾勾地盯着她，不时地小声说："真美妙！真醉人！"①

"你听我说，"薇拉对我说，"我不希望你和我丈夫认识，但是你一定要讨公爵夫人喜欢。这在你很容易，你想做什么事，都能

①原文为法文。

办到。咱们只有在这儿才能见面……”

“只有在这儿吗？……”

她红了红脸，又说下去：

“你知道，我是你的奴隶，我从来无法违拗你……而且我会因此受到惩罚，你会丢下我的！至少我要保重我的名声……不是为我自己，这是你十分清楚的！……唉，我求你别再像以前那样折磨我，别再胡乱猜疑，故作冷淡了。也许我活不久了，我感到我一天比一天虚弱……尽管这样，我无法想将来的日子，我想着的只是你……你们男人不懂得眼波和握手带来的喜悦……可是我，可以向你发誓，听着你的声音，就感受到一种深深的、非同一般的幸福，就连最热烈的吻也不能代替。”

这时公爵小姐停止了歌唱，她的周围响起一片赞扬声。我最后一个走到她面前，对她的好嗓子很随便地说了两句。

她把下嘴唇一撅，扮了个鬼脸，带着很明显的嘲笑神气坐了下来。

“这尤其使我感到高兴。”她说，“因为您根本没有听……不过，也许您不喜欢音乐吧？……”

“恰恰相反——尤其是在饭后。”

“格鲁什尼茨基说您太没有雅兴，一点也不错……我也看出来，您喜欢音乐跟饮食有关……”

“您又说错了：我根本不是一个讲究饮食的人，我的胃口坏极了。不过音乐在饭后能催人入睡，饭后睡一觉对健康是大有好处的。所以，我爱音乐是从医学角度出发的。到晚上则相反，音乐太刺激我的神经了：要么使我太忧郁，要么使我太兴奋。如果忧郁或者兴奋没有本身的原因的话,都是很容易使人疲乏的。再说,在大庭广众之下忧郁非常可笑,过分兴奋也是有失体统的。”

她没有听完,就走开了,坐到格鲁什尼茨基旁边。于是他们之间开始了那样一种温情脉脉的谈话:小姐回答他那些微妙的话似乎非常心不在焉,驴唇不对马嘴,虽然竭力装作用心听的样子,因为他不时地带着惊讶的神气看看她,极力想猜测她内心为什么那样激动,因为她的激动心情有时会从她的不安的眼神中流露出来……

但我是能猜透您的心情的,可爱的小姐呀,您当心点儿吧!您是一报还一报,刺一刺我的自尊心——您办不到!您要是向我宣战,那我是不客气的。

一个晚上,我有几次特意想方设法参与他们的谈话,但她对待我说的话相当冷淡,于是我最后装作生气走开。小姐得意洋洋,格鲁什尼茨基也得意洋洋。你们得意好啦,我的朋友,抓紧时间吧……你们得意不了多久的!……有什么办法呢?有一种预感……我跟女人一认识,总能准确不误地推测出她会不会爱我……

这天晚上的其余时间我都是在薇拉身边度过的,我们叙旧情叙了个够!她为什么这样爱我,说实话,我真不知道!——何况这又是彻底了解我、了解我的种种弱点和坏毛病的唯一女人……难道坏处就这样有吸引力?……

我和格鲁什尼茨基一起走出来,到了街上,他挽住我的胳膊,沉默了好一阵子之后,说:

“喂,怎么样?……”

“你很蠢。”我想对他这样说,可是我憋住了,只是耸了耸肩膀。

五月二十九日

在这几天里，我一次也没有偏离自己的一套打算。公爵小姐渐渐开始喜欢听我谈话了。我把平生几件奇遇都讲给她听了，她就开始把我看作不平凡的人了。我嘲笑世界上的一切，尤其是感情，这渐渐使她感到害怕。她当着我的面不敢跟格鲁什尼茨基接触情感的论题，而且已经有几次用嘲笑回答他的举动。不过，每一次格鲁什尼茨基走到她跟前，我都装作心平气和的样子走开了，让他们两个在一起。第一次她对此感到高兴，也许是竭力表示高兴；第二次她非常生我的气；第三次她就生格鲁什尼茨基的气了。

“您太缺乏自尊心了。”昨天她对我说，“您凭什么就认为我跟格鲁什尼茨基在一起更快活些呢？”

我回答说，我是为朋友的幸福牺牲自己的快乐呀……

“还牺牲我的快乐。”她补充说。

我凝神看了看她，便装出一副严肃的神气。这以后我一整天没有跟她说过一句话……晚上她一副心事重重的样子，今天早晨她在井边显得心事更重了。在我走到她跟前的时候，她正心不在焉地听格鲁什尼茨基说话，他好像是在赞美自然风景。但她一看见我，就哈哈大笑起来(笑得很不是地方)，装作没注意到我。我走开一点儿，偷偷观察起她来。她转身背对着跟她说话的格鲁什尼茨基，打了两个哈欠。

可以肯定，格鲁什尼茨基使她厌烦了。

还有两天我不跟她说话。

六月三日

我常常问自己，我为什么如此执拗地去猎取一个我无意勾引、也永远不会同她结婚的少女的爱情呢？我像女人一样卖弄风情有什么意思呢？公爵小姐什么时候也不会比薇拉更爱我。假如她在我心目中是个不可征服的美人儿，那我也许会陶醉于战胜障碍。可是一点也不是这么回事儿！所以，这不是青春初期那种折磨我们的不肯安宁的爱情欲望，那种欲望使我们从一个女人投向另一个女人，直到我们找到一个无法容忍我们这样做的女人：这时我们就开始有恒心，也就是真正的无止境的情欲了，这种情欲可以按照数学方法用从一点引向空间的线来表示，这种无止境的秘密就在于不可能达到目的，也就是不可能达到终点。

我这样操心，究竟因为什么？因为嫉妒格鲁什尼茨基吗？他是很可怜的，根本不值得嫉妒。也许这是出于一种恶劣而难以克制的感情，这种感情促使我们去破坏他人的美梦，以便在他人于绝望中求救无门的时候，可以暗暗得意地说：

"我的朋友呀，我也有过同样的遭遇！不过，你也看到，我还是照样吃午饭、晚饭，睡得香香的，而且我希望我能安安稳稳地死，不叫也不流泪。"

要知道，占有一颗年轻的、情窦初开的心，是莫大的愉快！这样的心好像散发着醉人芳香迎接第一道阳光的鲜花。应该在此刻把它摘下来，闻个够之后，扔在大路上，也许会有人捡起来的。我觉得我有这种永无餍足的贪欲，要吞食人生路上遇到的一切。我看待别人的痛苦与欢乐只是看它对我如何，把它看作维持我的精神生活的养料。我自己再也不会在情欲的影响下疯疯癫癫。我的功名心受到环境压抑，却以另一种方式表现出来，因为功名心无非是希望取得权力，而我的最大快乐就是使周围的一切服从我的心意。使别人对我产生爱情、忠诚和畏惧——不就是权力的首要标志和最大胜利吗？为所欲为，能随意使别人痛苦或欢乐——不是维持自尊心最甜蜜的食品吗？幸福是什么？就是自尊心得到满足。如果我认为自己比世界上所有的人都好，都强，我就是幸福的；如果人人都爱我，我就会认为自己身上有永不枯竭的爱的源泉。坏事会产生坏事，一遇到痛苦就会想到从折磨别人获得满足。坏的念头所以能进入人的头脑，就是因为想付诸行动。有人说，思想是有机产物，一旦产生就具有形式，这形式就是行动。谁的头脑里产生的念头多，谁就会比别人更有所作为。因此，如果一位天才被捆在办公桌上，不是死就是发疯，就像一个身强力壮的人，如果饱食终日，无所事事，准会中风而死。

情欲不是别的，而是念头处在最初发展阶段，是属于青春的心的。谁要是以为一辈子都会为情欲所激动，那是糊涂虫。许多平静的河流开头都是奔腾的瀑布，可是没有一条河流直到大海都是汹涌澎湃、浪花飞溅的。但这种平静往往是一种巨大的、潜藏着的力量的标志：思想感情丰富和深刻了，就不会疯狂爆发了。心灵在痛苦或欢乐的时刻是最清楚、最明白事理的；它懂得，如果没有暴风雨，太阳造成的长时间酷热会把它烤干；它有它自己的生活感受，抚爱自己，惩罚自己，就像妈妈对待孩子一样。只有处在这种自我认识的最高境界，一个人才能真正领会上帝的裁判。

再读这页日记，我发现离题太远了……不过，这有什么关系？……这日记本来是我为自己写的，因此，不管我记的是什么，以后对我都会成为珍贵的往事。

格鲁什尼茨基走进来，扑上来搂住我的脖子，他升为军官了。我们喝酒庆贺。医生魏奈随后也到了。

“我不向您道喜。”他对格鲁什尼茨基说。

“为什么？”

“因为您穿士兵大衣很合适。您要承认，在这温泉上缝制的步兵军官服是不会给您增添什么光彩的……您是否看出来，您到现在为止是个特殊人物，这一下子就变得平淡无奇了。”

“您说吧，只管说吧，医生！您不妨碍我高兴。”格鲁什尼茨基又对着我的耳朵说：“他不知道，这肩章给我增添了多少希望……啊，肩章啊，肩章！你上面的星星就是指路明星……嘿！我现在够幸福了！”

“你想跟我们一起到山坳里去走走吗？”我问他。

“我吗？我的军官服不做好，是决不会在公爵小姐眼前露面的。”

“你要不要我把你的喜事儿告诉她？”

“不，请你别说……我要叫她吃一惊！……”

“你还是对我说说，你和她的事怎样了？”

他窘了，沉思起来。他很想吹嘘一番，说说假话，却觉得不好意思；实话实说，又觉得脸上不光彩。

“你以为怎样，她是不是爱你？……”

“爱不爱我吗？得了吧，毕巧林，你这是怎么想的呀？……怎么能这样快呀？……就算是她爱我吧，一个正派女子也不会说出口的……”

“好哇！照你这样说，恐怕一个正派男人也不该说出自己的爱情了？……”

“哎呀，老兄！干什么事都有个方式方法。许多事不是说的，而是揣测的……”

“这是不错的……不过，单是从眼睛里看出来的爱情，是一点也不能系住女人的，不像说出来的话……当心呀，格鲁什尼茨基，她在糊弄你呢……”

“她呀！”他抬起眼睛望着天空，得意洋洋地笑了笑，回答说，“我很可怜你，毕巧林！……”

他走了。

晚上，有很大的一伙儿人徒步朝山坳里走去。

据当地学者的意见，这个山坳是一个熄灭了的火山喷火口。这山坳就在玛舒克山的斜坡上，离城有一俄里。灌木丛和乱石丛中有一条窄窄的小路是通向那里的。爬坡的时候，我伸给公爵小姐一只手，在整个游玩时间里，她都没有放开我的手。

我们的谈话一开头就是说人家坏话：我逐个儿议论起在场和不在场的我们的熟人，先是说说他们可笑之处，随后就说起他们很坏的一面。我动了肝火，开头只是说着玩儿，后来就说起真正的尖酸刻薄话。起初她听着很开心，后来就感到可怕了。

“您是个危险人物。”她对我说，“我情愿在树林里死在凶手的刀下，也不愿落到您的舌头底下……我真心诚意地恳求您：在您想说我坏话的时候，最好是拿刀子把我杀了，我想，这在您是不难的。”

“难道我像个凶手吗？……”

“您比凶手还坏……”

我沉思了一小会儿，随即装出一副深受感动的样子，说：

“是啊！我的命运从小就是这样。大家从我脸上看出有坏品质的迹象，其实不是这样；但大家认为有，后来也就有了。我本来很淳朴，可是大家说我很滑头：我就不再那样坦率了。我本来在感情上善恶分明，可是没有谁来爱护我，大家都侮辱我：我就变得容易记仇了。我从小郁郁寡欢，别的孩子都快快活活，有说有笑；我觉得自己比他们好，别人却说我比他们差：我就变得喜欢嫉妒了。我很想热爱全世界，可是没有谁了解我：这样我就学会了恨。我的暗淡无光的青春，就在跟自己和跟社会的斗争中逝去了。我有美好的感情，因为害怕嘲笑，就埋藏在心的深处，美好的感情也就在那儿死去了。我说实话，人家不相信我：我就开始骗人了。在看透世态炎凉之后，我就精通处世之道了，但我看到别人不通此道也很走红，而且毫不费力地享受我苦苦追求的那些好处。于是我胸中产生了绝望情绪——这不是手枪枪口和子弹所能医治的那种绝望，而是一种心灰意冷，用彬彬有礼、和蔼可亲的微笑掩饰着的绝望。我成为精神上的残疾人：我心灵的一半已经不存在，枯萎，干涸，死掉了，我割下来，丢掉了；另一半却还在动，随时准备为每一个人效劳，可是这一点谁也没有注意到，因为谁也不知道还存在过死去的一半心灵。如今您却在我心中唤醒对死去的一半心灵的回忆，于是我对您念了其墓志铭。向来许多人都觉得墓志铭是可笑的，但我不觉得可笑，尤其当我想起墓志铭下面埋着什么的时候。不过,我并不要求您赞同我的意见。如果您觉得我的所作所为可笑,您就尽管笑好啦。我预先向您声明,我一点也不会因此不快的。”

这时候,我看到了她的眼睛,她的眼睛里滚动着泪水。她的胳膊紧紧靠着我的胳膊,打着哆嗦,两颊通红……她是可怜我!同情心,这种很容易征服女人的感情,已经把自己的利爪伸进她那没有经验的心中。在整个游玩的时间里,她一直心不在焉,没有向任何人卖弄风情……这可是个重要的迹象!

我们来到山坳里。女士们纷纷离开自己的男伴,她却没有放开我的手。此地一些公子哥儿说的俏皮话没有使她发笑;她站在陡峭的悬崖上也不害怕,另外几位小姐却吓得尖声怪叫,并且闭起眼睛。

在归途中,我没有再说那一番伤心的话;但是不论我随便问她什么,不论说什么笑话,她都回答得很简短,而且漫不经心。

“您恋爱过吗?”终于我问她说。

她凝神看了看我,摇了摇头……就又沉思起来。显然,她是想说点儿什么,但不知从何说起,她的胸脯一下一下地耸动着……怎么办呀!一层薄纱衣袖是阻挡不住什么的,一阵阵电的火花从我的胳膊流向她的胳膊。爱情几乎都是这样开始的,我们却往往拼命欺骗自己,以为女人爱我们是因为我们体格或精神上有什么过人之处。当然,体格或精神上的过人之处能吸引和促使她的心去接受神圣的火焰——不过,第一次接触毕竟是事情的关键。

“我今天很客气,不是吗?”在我们游玩归来的时候,公爵小姐很勉强地笑着对我说。

我们分手了……

她是不满意自己：她责备自己太冷淡！嘿，这是第一回合，也是最重要的胜利。明天她会给我补偿的。这一切我太熟悉了，但这样才没有意思呢！

六月四日

今天我看到薇拉。她嫉妒起来了，真够我受的。看样子，是公爵小姐一时高兴，把自己的心事全对她说了。也真是的，偏偏挑中了她！

“我猜得出，这一切目的何在。”薇拉对我说，“你还不如干脆对我说一句：你爱上她。”

“要是我不爱她呢？”

“那你为什么要追求她，搅乱她的心，害得她胡思乱想？……啊，我可是把你看透了！你听我说，你要是让我相信你，那你一个星期之后到基斯洛沃茨克来，后天我们就要上那儿去。公爵夫人在这儿还要待些日子。你在旁边租一座房子。我们将住在紧靠温泉的那座大房子里，住在楼上，李戈甫斯科伊公爵夫人将住在楼下，旁边有一座房子还没有租出去，是同一个房东的……你来吗？……”

我答应了，而且当天就派人去把那座房子租下来。

格鲁什尼茨基晚上6点钟到我这儿来，说他的军服明天就可以做好了，正好赶上舞会。

“我终于可以跟她跳上整整一个晚上了……可以痛痛快快谈一谈了！”他又说。

“究竟什么时候开舞会呀？”

“就在明天呀！难道你不知道？这可是一个盛会，是此地长官发起筹办的……”

“咱们到林荫道上去走走吧……”

“我才不去哩！——穿着这件难看的大衣……”

“怎么，你不喜欢它了吗？……”

我一个人走了，遇到梅丽公爵小姐，我约请她跳玛祖卡舞。

她显得又惊讶又高兴。

“我还以为您非万不得已才跳舞呢，就像上次那样。”她十分娇媚地笑着说。

她似乎根本没注意到格鲁什尼茨基不在场。

“明天您会大吃一惊，非常开心的。”我对她说。

“什么事儿？……”

“这是秘密……到舞会上，您会自己猜到的。”

我在公爵夫人家里度过了一个晚上。除了薇拉和一个十分滑稽的小老头儿，没有别的客人，我心情极好，胡乱编造各种各样曲折离奇的故事。公爵小姐坐在我对面，听我胡扯听得那样认真，聚精会神，甚至倾注了满腔柔情，使我感到惭愧。她的活泼，她的风情，她的任性，她的高傲神气，轻蔑的微笑和漫不经心的目光到哪儿去了？……

薇拉把这一切都看在眼里，在她那病态的脸上出现了深深的伤心神气。她坐在窗前的阴影里，身子陷在一张宽大的软椅里。我可怜起她来。

于是我讲了我跟她相识和相爱的全部戏剧性过程——当然，

这一切都是用化名掩盖起来的。

我把我的多情、我的不安和喜悦讲得有声有色，我把她的性情和所作所为说得那样好，想必她不由得饶恕了我跟公爵小姐的调情。

她站起身来，坐到我们跟前，打起了精神……到夜里2点钟我们才想起来，医生要她在11点钟睡觉。

六月五日

在舞会开始前半小时，格鲁什尼茨基穿着一身步兵军官服喜气洋洋地来到我这里。第三个纽扣上系着一条铜链。铜链上挂的是一副带柄的双眼镜。两枚大得不相称的肩章向上翘着，像是爱神的翅膀。一双靴子咯吱咯吱直响。他左手拿着一副棕色皮手套和一顶军帽，右手不时地把鬈曲的额发卷成一个个小圈儿。他的脸上流露着洋洋自得的神气，同时又有几分没有把握的神气。我看着他那种兴高采烈的样子，那神气活现的举止，要是依着我的心情，会笑破肚皮的。

他把军帽和手套扔到桌子上，就对着镜子抻起军服后襟，整理装束。一条老大的黑巾裹住高高的领带衬，领带衬的鬃毛抵着他的下巴，那黑巾从衣领里露出来有半俄寸。他觉得这还不够，他又往上扯了扯，一直抵到耳朵。因为军服领子又紧又不舒服，拉扯黑巾很费劲儿，他使劲儿使得一张脸都红了。

"听说，你这几天在拼命追求我的公爵小姐。"他用很不在乎的口气说，而且也不看我。

"我们凡夫俗子怎能觊觎天仙？"我把普希金当年歌咏过的那

个精明的浪荡公子爱说的话说了一遍，作为对他的回答。

“你还是说说，这军装我穿着合身吗？……唉呀，这该死的犹太佬！……胳肢窝里勒得好难受呀！……你有香水吗？”

“得了吧，你还要怎样？你身上的玫瑰香膏气味已经够浓的了……”

“没关系。你拿来……”

他往领带上、手帕上和袖子上倒了有半瓶香水。

“你要跳舞吗？”他问。

“我不想。”

“我怕我会跟公爵小姐领头跳玛祖卡舞，可是我几乎一个花样也不会……”

“你约过她跳玛祖卡舞吗？”

“还没有……”

“你当心，不要让别人抢在你前头……”

“真的，”他敲了敲脑门，说，“那就再见吧……我到大门口去等她。”他抓起帽子就跑起来。

过了半个小时，我也动身了。街上黑沉沉，空空荡荡。俱乐部或者酒店——怎么叫都行——周围挤满了人，一个个窗户里灯火通明，晚风把军乐声送进我的耳朵。我缓步走着，心中惆怅。我心想，破坏别人的希望——难道就是我活在世上的唯一使命？自从我生活和行动以来，不知怎的，命运总是要我去参与别人的悲剧收场，就好像没有我谁也没办法去死，没办法绝望似的。我是第五幕中必不可少的人物，我不由自主地扮演着刽子手或者叛徒的卑劣角色。命运这样安排的目的何在呢？……莫不是要我去做市民悲剧和家庭艳史的作者，或者为一些杂志，例如《读者文库》，做小说撰稿人？……谁知道呢！……不是有很多人，在踏上人生征途时还以为此生归宿会像亚历山大大帝或者拜伦勋爵那样，到头来却不过是一个九品文官？……

我走进客厅，便躲进一堆男子当中，留心观察起来。格鲁什尼茨基站在公爵小姐身边，很起劲儿地在说什么。她心不在焉地听着，把扇子贴在嘴唇上，朝两边望着。她脸上流露着焦急的神气，眼睛四处打量着，在寻找什么人。我悄悄地从后面走过去，为的是偷听他们的谈话。

"您使我很难受呀，小姐，"格鲁什尼茨基说，"这些天我没见到您，您可是大变了……"

"您也变了。"她匆匆看了他一眼，回答说，他却没有看出她的目光中暗含着嘲笑。

"我？我变了？哎呀，才不会呢！您要知道，这是不可能的！谁要是见过您一面，就永远不会忘记您这天仙般的容貌……"

"别说了！……"

"为什么您现在就不愿意听不久以前还常常很希望听的一些话呢？……"

"因为我不喜欢听老一套。"她回答说，一面笑着……

"噢，我真是大错特错了！……我真傻，还以为这肩章至少使我能抱点儿希望……不行呀，我还不如一辈子穿那件被人瞧不起的士兵大衣，也许我是因为那件大衣得到您垂青的……"

"真的，您穿那件大衣要合适多了……"

就在这时候，我走过去，向公爵小姐行了个礼。她微微红了红脸，连忙说：

“不是吗，毕巧林先生，格鲁什尼茨基穿灰大衣要合适多了？”

“我不同意您的看法。”我回答说，“他穿军官服显得更嫩了。”

格鲁什尼茨基受不了这一击，他像所有的毛孩子一样，一心想充当老头子。他以为他脸上深深的情欲痕迹可以代替年龄的烙印。他气嘟嘟地向我瞪了一眼，跺了跺脚，就走开了。

“您要承认，”我对公爵小姐说，“他虽然一向很可笑，可是不久以前您不是觉得他……穿着那件灰大衣……挺招人喜欢吗？”

她垂下眼睛，没有回答。

格鲁什尼茨基整个晚上一直盯住公爵小姐不放，不是跟她跳舞，就是面面相对。他拿眼睛直勾勾地盯着她，叹着气，一会儿恳求，一会儿责怪，使她感到厌烦不已。跳过第三次卡德里卡舞以后，她已经恨他了。

“我真没料到你会这样。”他走过来，抓住我的胳膊说。

“怎么啦？”

“你要跟她跳玛祖卡舞吗？”他郑重其事地问，“她对我说了……”

“嗯，那又怎么样？难道这是什么秘密？”

“当然，我早就该料到这个妞儿，这个骚丫头会有这一手……我是要报仇的！”

“要怪就怪你的大衣或者肩章，怎么能怪她呢？你不能再使她喜欢了，这怎么是她的错呢？……”

“那为什么让人抱希望呢？”

“那你为什么要抱希望呢？——有点儿什么想头，捞点儿便宜——这我可以理解！——可是谁又会抱什么希望呢？”

“算你赢了这一局，不过胜负还没有最后定。”他恶狠狠地笑着说。

玛祖卡舞开始了。格鲁什尼茨基只是选定了公爵小姐一个人跳，另外有几个人也不断地请她跳：这显然是串通一气对付我。这倒是更妙。她想和我说说话儿，有人不让，她就加倍想了。

我有两次握她的手，在第二次握的时候，她把手抽了回去，什么话也没有说。

“今夜我要睡不好觉了。”在玛祖卡舞结束的时候，她对我说。

“这要怪格鲁什尼茨基。”

“噢，不！”她的脸色显得那样忧郁，那样伤感，使我下决心今天晚上一定要吻吻她的手。

散场了，很多人各自走了。我在扶公爵小姐上车的时候，很利落地把她的纤手贴到我的嘴唇上。天色很黑，这情景谁也不会看到。

我非常得意地回到大厅里。

一伙儿年轻人围着一张大桌子吃饭，格鲁什尼茨基也在其中。我一走进来，大家都不说话了：显然，他们谈的是我。自从上次舞会以来，不少人对我很恼火，尤其是那位龙骑兵大尉。现在看样子肯定是在格鲁什尼茨基指挥下结成一伙儿对付我。格鲁什尼茨基好一副雄赳赳、气昂昂的样子……

我很高兴。我爱敌人，虽然本是像基督说的那样去爱。敌人会使我开心,使我热血沸腾。时刻提防着,捕捉每一道眼神、每一句话的含义,猜测其用心,破坏其联盟,装作被蒙在鼓里,然后猛然反戈一击,打翻他们辛辛苦苦用阴谋诡计筑成的大厦——我就把这叫作人生。

在吃饭的时间里,格鲁什尼茨基一直在跟龙骑兵大尉交头接耳,挤眉弄眼。

六月六日

今天早晨薇拉跟丈夫到基斯洛沃茨克去了。在我上李戈甫斯科伊公爵夫人家去的时候,遇到他们的马车。她向我点点头,她的目光中有嗔怪的意味儿。

这该怪谁呢!她为什么不肯给我机会跟她单独会面呀?爱情好比烈火,没有燃料就会熄灭。我要求不成的事,也许嫉妒能做到。

我在公爵夫人家坐了整整一个小时。梅丽没有出来,她病了。晚上在林荫道上也没有见到她。刚纠合起来的那一伙儿人都武装了带柄眼镜,摆出气势汹汹的架势。我高兴的是公爵小姐病了,要不然他们对她会有什么无礼的举动。格鲁什尼茨基头发乱蓬蓬的,显出绝望的样子。看来他是真的伤心,尤其是他的自尊心受到伤害。不过,就有一些人,即使绝望也是很可笑的。

回到家里,我觉得我少了一点儿什么。哦,是我没有见到她!——她病了!莫不是我真的爱上她了?——多么荒唐呀!

六月七日

上午11点钟——通常这是李戈甫斯科伊公爵夫人在叶尔莫洛夫浴室里洗蒸汽浴的时候，我从她们家门前走过。公爵小姐心事重重地坐在窗口。她一看见我，霍地站了起来。

我走进前室，一个人也没有。因为依照此地风习可以随便进出，我不经通报便走进会客室。

小姐那可爱的脸显得苍白而灰暗，她站在钢琴旁，一只手扶着椅背：这只手在微微哆嗦着。我轻轻地走到她跟前，说：

“你在生我的气吗？”

她抬起她那无精打采的、深情的眼睛看了看我，摇了摇头。她的嘴想说点儿什么，却说不出来，眼睛里噙着泪水，她一下子坐到椅子上，双手捂住脸。

“您怎么啦？”我拉住她的手，说。

“您不尊重我！……唉！您走吧！……”

我走了几步……她在椅子上挺起身子，眼睛也发亮了……

我站了下来，握住门把手，说：

“请原谅我，小姐！我很不对，冒犯了……下次再不会有这种事儿了：我一定多加注意！……您哪儿知道我的心呀！您永远不会知道的，这样对您倒是好些。再见吧！”

我往外走的时候，似乎听见她在哭。

我在玛舒克山周围散步，直到黄昏时候。我疲乏得不得了，一回到家里，就倒在床上，一点劲儿也没有了。

魏奈来看我了。他问：

“您要娶李戈甫斯科伊公爵小姐,是真的吗?”

“怎么一回事儿?”

“全城都在说呢,我所有的病人都在谈这桩重要新闻,这些病人就是这样的:什么事儿都知道!”

我心想:“这是格鲁什尼茨基玩的鬼把戏!”

“医生,为了向您证明这些传闻是无稽之谈,我可以秘密告诉您,明天我就要搬到基斯洛沃茨克去了……”

“公爵夫人也去吗?……”

“不,她还要在这儿再待一个星期……”

“那您不娶亲啦?……”

“医生呀,医生!您瞧瞧我这模样儿:难道我像个新郎或者这一类的什么玩意儿?”

“我说的不是这个!不过您要知道,”他诡秘地笑着说,“在有些情况下,一个上等人是非结婚不可的,也有一些做妈妈的,至少是不会预防这种情况发生的。所以,作为一个朋友,我劝您多加小心!这温泉上的气氛太危险!我见过多少很像样的年轻人,本来应该有更好的归宿的,却离开这儿就去结婚了……您信不,甚至还有人想把女儿嫁给我呢!是一位县城里的夫人,她的女儿脸色十分苍白。糟就糟在我对她说过,她女儿要是结了婚,脸色会变好的。于是她含着感激的眼泪说要把女儿嫁给我,还赔上全部家产——好像是五十名农奴吧!不过我回答说,这事我无能为力。”

魏奈满怀信心地走了,以为我准会听他的警告的。

我从他的话里听出来,城里已经传遍了关于我和公爵小姐的种种流言蜚语:格鲁什尼茨基是要为此付出代价的!

六月十日

我来基斯洛沃茨克已经三天了。我每天都在井边和在散步的时候看到薇拉。早晨一醒来,我就坐在窗口,拿带柄眼镜对准她的阳台;她早已打扮好,在等待约定的暗号。从我们的房子往下直到井边,是一座花园,我们在花园里相会,就像无意中碰到似的。清新的山中空气为她恢复了脸色的红润和气力。难怪纳尔赞矿泉被称为大力士泉。当地人都说,基斯洛沃茨克的空气能促成好事,在玛舒克山脚下开端的风流韵事,总是在这儿获得圆满结局。确实,这儿的一切都显得十分幽静,一切都显得十分神秘——那椴树丛中小道上的浓荫。浓荫下是一道道流水,流水哗哗地从一块石板落向另一块石板,在一座座青山之间为自己开辟着道路;那雾气弥漫、静默无声的峡谷,峡谷还有分支从这儿通向四面八方;那充溢着南方茂草和刺槐气息的清新芳香的空气;那冰冷的小溪日夜不停、催人入眠的淙淙水声,一条条小溪在谷地尾部汇合后,一齐欢快地奔流着,最后注入波德库莫克河。从这边望去,峡谷越来越宽,渐渐变成一片青翠的谷地,谷地里有一条弯弯曲曲的土路。我每次眺望这条道路,似乎总看到有辆马车驰来,车窗里露出一张粉红色的脸儿。这条路上已经有不少马车驰过,却始终不见那一辆。要塞后面的小镇上已经住满了人家。小丘上有一家饭馆,离我的住所只有几步路,一到晚上就灯火辉煌,灯光从双排白杨树丛中露出来,欢声笑语和玻璃杯叮当声一直到深夜不停。

哪儿也不像在这儿,喝这样多的葡萄酒和矿泉水。

格鲁什尼茨基跟他那一伙儿人天天在酒馆里闹闹嚷嚷,几乎跟我不打招呼。

他昨天才来到这儿,可是已经跟三个老头子争吵过了,只是因为他们想在他之前入浴。肯定是由于情场失意,他的好斗劲儿发作了。

六月十一日

终于她们来了。我正坐在窗口,一听见她们马车的辘辘声,我的心剧烈地跳动起来……这究竟是怎么一回事儿?我真的爱上她了吗?……我生来就痴心,这种事儿在我是难免的。

我在她们家吃午饭。公爵夫人待我十分温存,而且一步也不离开女儿……糟了!薇拉看到我跟小姐接近,所以嫉妒起来,就因为我确实获得了这种福气呀!一个女人为了使情敌伤心,什么事做不出来呀!我记得,一个女人爱上我,就因为我在爱另一个女人。没有什么东西比女人的头脑更离奇古怪的了,要说服女人相信什么是很难的,只能设法使她们自己说服自己。她们用来破除自己的偏见的一套论证方法是十分独特的,要想学会她们的推理方法,必须推翻自己头脑里一切正规的逻辑法则。比如,通常的推理方法是:

这个人爱我,可是我已经嫁人,所以我不应该爱他。

女人的推理方法却是:我不应该爱他,因为我已经嫁人,可是他爱我,所以……就只有几个点儿了,因为理性已经什么话也不能说,而说话的多半是舌头、眼睛,随后是心,如果有这种玩意儿的话。

万一我这几行日记一旦落到一个女人眼里，那又会怎么样呢？她一定会气愤得叫起来：简直是诽谤！

自从有诗人写诗和女人念诗（为此应该深深地感谢她们）以来，有多少次把她们称为天使，而她们也由于心灵单纯居然真的相信这种谀词，却忘记同是这些诗人，为了金钱竟把尼禄[①]捧为半个上帝……

这样刻薄地议论女人，在我是很不应该的，因为正是我，在世界上除了女人什么也不爱；正是我，随时都愿意为她们作牺牲，牺牲安宁，牺牲功名，牺牲生命……不过，我并不是因为恼怒和自尊心受到伤害才一心一意要撕下她们脸上那层迷惑人的、只有老练的眼睛能看得透的面纱。不是的，我所谈到的她们的一切，只是来自：

> 头脑的冷静观察
> 和心灵的痛苦感受。[②]

女人应该希望男人个个都像我一样了解她们，因为自从我不害怕她们并且看透她们点点滴滴弱点以来，更加百倍地爱她们了。

顺便说说：魏奈前几天把女人比作塔索[③]在《被解放的耶路撒冷》中所描写的迷魂林。他说："你刚要接近，就有种种可怕的东西从四面八方向你飞扑过来：责任呀，尊严呀，体面呀，舆论呀，

---

①尼禄（37—68），古罗马皇帝，以暴虐、好色出名。

②引自普希金的诗体小说《叶甫盖尼·奥涅金》。

③塔索（1544—1595），意大利文艺复兴时期诗人。

嘲笑呀,轻蔑呀……你只要不理睬,一直向前走,这些怪物就会渐渐消失,在你面前就会出现一片宁静而明亮的开阔地,会看到翠绿的香桃木开满鲜花;但如果你没走几步就心惊胆战,转身往回走,那就完了。"

六月十二日

今天晚上是多事的一个晚上。

离基斯洛沃茨克三俄里,在波德库莫克河流过的一个峡谷里,有一处叫"指环"的山岩。这是一个天然形成的大门。这大门耸立在高岗上,夕阳就是通过这个大门把火红的残照投向世界。许多游人骑马来这儿透过这道石门观赏落日。不过说实话,我们谁也没有想到太阳。我跟公爵小姐并马而行,回来的时候,经过波德库莫克河必须涉水而过。山河即使是最小的,也是很危险的,尤其因为河底简直像万花筒,由于急流冲击,河底天天都在变化。昨天还是石头的地方,今天就变成一个坑了。我抓住小姐的马的笼头,拉着马走进深不过膝的水里。我们缓缓地斜着逆流前进。大家都知道,在涉过急流时,不能去看水,因为一看水头就发晕。这一点我忘记提醒公爵小姐了。

我们已经到了河心里,水流最湍急的地方,她突然在马鞍上摇晃了几下。"我难受!"她用微弱的声音说……我连忙朝她探过身去,一只手搂住她的柔软的腰肢。

"朝上看,"我小声对她说,"这没什么,别害怕,有我跟您在一起。"

她好了一点儿,就想挣脱我的手,我却把她那柔软娇弱的身躯搂得更紧了,我的腮几乎挨到了她的腮,她的腮散发出火辣辣的气息。

“您要拿我怎么样啊! ……我的天呀! ……”

我不顾她的慌乱和窘急,我的嘴唇挨到了她那娇嫩的腮。她打了一个哆嗦,但是什么也没有说。我们走在最后,谁也没看见。等我们上了岸,大家都已经放马飞跑起来了。小姐勒住自己的马,我也留在她身边。显然,我没说话,她很着急,可是我发誓不说一句话,是出于好奇心。我想看看,她怎样摆脱这种尴尬局面。

“要么您是瞧不起我,要么您是非常爱我!”她终于用带哭声的嗓门儿说,“也许您是想拿我开开玩笑,搅乱我的心,然后把我丢开……那就太坏,太卑鄙,到了出格的程度了……哦,不会的!”她又用温柔的信任口吻说,“我并没有什么使人瞧不起的地方,不是吗? 对于您的无礼行为,我应该原谅,应该原谅您,因为是我允许的……您回答呀,说话呀,我要听听您的声音呀! ……”最后一句话流露出女人的焦急心情,我不由得笑了,幸亏天已经黑了。我什么也没有回答。

“您不说话吗?”她又说,“也许您是想要我先对您说我爱您……”

我还是不说话……

“您是要这样吗?”她很快地转过身朝着我,又问道。她的目光和声音强硬中有一种可怕的意味……

“何必呢?”我耸了耸肩膀,回答说。

她将马抽了一鞭,那马就在狭窄而危险的小道飞跑起来,这一切来得那样迅速,等我好不容易追上她,她已经跟其他很多人在一起了。她一路上又说又笑，直到家门口。她的举动有点狂热意味儿，对我连看也不看一眼。大家都注意到这种非同一般的快乐。公爵夫人望着女儿，心里也非常高兴。然而女儿不过是一种精神不正常的发作，到夜里她会睡不着觉，会痛哭的。我想到这里，觉得开心得不得了。有时候，我也有吸血鬼[1]的心情！……可我还是出了名的老好人，并且在拼命维护这一称号呢。

女士们下了马，上公爵夫人家去了。我心情激动起来，便纵马朝山里跑去，好排遣萦绕在脑际的思绪。露珠晶莹的黄昏凉爽宜人。月亮从黑魆魆的峰峦后面冉冉上升。我的没有打掌的马每走一步，寂静的峡谷里都响起低沉的回声。我在一道瀑布边饮了马，我也如饥似渴地吸了两下南方之夜的清新空气，便往回走。我从小镇上穿过。窗户里的灯火渐渐熄灭，要塞寨墙上的哨兵和在附近巡逻的哥萨克拉长声音互相呼应着……

小镇上有一座房子建在一条山沟边上，我发现里面的灯火特别明亮，里面还不时响起嘈杂的说话声和叫嚷声，表明那是一伙儿军人在饮酒作乐。我下了马，悄悄走到窗前。护窗没有关严实，我能够看见饮酒的一些人，能听清他们说的话。他们谈的是我。

龙骑兵大尉喝得一张脸通红，拿拳头在桌上一擂，要大家注意。

“诸位听着！”他说，“这简直不像话！应该教训教训毕巧林！这些彼得堡的小子目空一切，要是不把他们狠狠教训一顿，总是神气得不得了！他以为只有他一个人在上流社会混过，所以

①斯拉夫民族传说中极端残酷的形象。

总是戴着干净的手套，穿着锃亮的皮靴。”

“还有他那种傲慢的笑！不过我敢肯定，他是个胆小鬼，是的，就是胆小鬼！”

“我也是这样想，”格鲁什尼茨基说，“他喜欢把什么都当作开玩笑。我有一回对他说了很多不好听的话，换了别人，会当场把我剁成碎块，毕巧林却把这一切化为笑谈。我当然也不去挑他，因为这是他的事；再说，我也不想找麻烦……”

“格鲁什尼茨基恨他，是因为他夺走了公爵小姐。”有一个人说。

“亏您想得出！不错，我是追求了一下公爵小姐，可是很快就放手了，因为我不愿意结婚；而败坏姑娘的名声，不是我的做人之道。”

“我敢向诸位担保，他是天字第一号胆小鬼，我说的是毕巧林，不是格鲁什尼茨基——噢，格鲁什尼茨基是好样儿的，何况他又是我的好朋友！”龙骑兵大尉又说，“诸位，这儿没有谁袒护他吧？一个也没有！……那更好。诸位想试试他的胆量吗？这会让咱们非常开心的……”

“想试试……可是怎样试呢？”

“哦，诸位听着：格鲁什尼茨基对他特别恼火，就由他唱主角！他可以找个什么碴儿，挑毕巧林决斗……诸位注意：好戏就在这儿……他要求决斗，那就妙极了！所有这一切——挑战呀，准备呀，讲条件呀，都要做得尽可能郑重些，可怕些——这一切都由我来办。我做你的证人，我的可怜的朋友！妙极了！这奥妙就在于：两把手枪里我们都不装子弹。我可以向诸位担保，毕巧林会害怕的——我让他们相距六步一站,就他妈的有好戏看了!诸位,赞成吗?"

"这主意太妙了,赞成,怎么会不赞成呢?"那伙儿人乱纷纷叫起来。

"你呢,格鲁什尼茨基?"

我的心怦怦跳着等待格鲁什尼茨基回答:要不是我偶然听到,我就会成为这些混蛋的笑柄——我一想到这一点不禁满腔愤恨,浑身冰冷。要是格鲁什尼茨基不同意,我会扑过去搂住他的脖子的。可是他沉默了一会儿之后,就从座位上站起来,向大尉伸出一只手,十分郑重地说:"好的,我同意。"

这一伙儿人那种兴高采烈的情形是很难形容的。

我回到家里,心里翻腾着两种很不相同的感情。一种是伤感:为什么他们都恨我呀?我一直在想。为什么呀?是我得罪了哪一个?不是。难道我也是那样一种人,单凭外表就让人厌恶的?同时我又感觉到,一种恶狠狠的愤怒心情渐渐充满我胸中。"小心点儿吧,格鲁什尼茨基先生,"我在房子里前前后后走着,说,"跟我这样开玩笑是不行的。你赞同你们那一伙儿混蛋的坏点子,是要付出沉重代价的。我可不是你们的玩具……"

我一夜没有睡着。到天亮我的脸黄得像酸橙子。

早晨,我在井边遇见公爵小姐。

"您是病了吧?"她凝神看了看我,说。

"我一夜没有睡。"

"我也是……我责怪您的……也许不应该吧?……只要您说说心里话,我一切都能原谅您……"

“是一切吗？……”

“一切……不过您要说真话……要快点儿……您要知道，我想了很多，竭力想为您的行为解释、辩护。也许，您是怕我家里人这方面的阻挠……这没什么。等他们知道了……（她的声音打起哆嗦）我会求得他们同意的。也许您自己的处境……不过，您要知道，为了我所爱的人，什么都可以牺牲……啊，您快点儿回答呀，可怜可怜我吧……您不是瞧不起我，是吗？”

她抓住我的手。公爵夫人跟薇拉的丈夫走在我们前面，什么也没有看见。然而那些散步的病人会看到我们的，他们是爱管闲事的人当中最爱管闲事和拨弄是非的，于是我连忙从她那热辣辣的掌心里抽出我的手。

“我可以对您说真情实话，”我回答公爵小姐说，“我既不想为自己的行为辩护，也不想解释。我不爱您……”

她的嘴唇有点儿白了……

“您走吧。”她用勉强能听得见的声音说。

我耸了耸肩膀，转身就走了。

六月十四日

我有时瞧不起自己……是不是因此我也瞧不起别人呢？

……我已经不会有高尚的激情了，我怕自己都觉得自己可笑。别人要是处在我的位置上，早就把自己的心和自己的命运[①]奉献给公爵小姐了！……但“结婚”这个词儿对我有一种魔鬼般的威力：不论我多么热烈地爱一个女子，只要她让我感觉到我应

①原文为法文。

该跟她结婚——那就再见吧，爱情！我的心就会变成石头，什么也不能使我的心再热起来。我什么都可以牺牲，只有这一点例外；我可以拿我的生命以至名誉去冒险二十次……可是我的自由决不出卖。为什么我如此珍视自由呢？我要自由干什么？……我想成为什么样的人物？我指望有什么作为？……说实话，什么也不是。这是一种天生的恐惧，是一种无法解释的预感……就有一些人，下意识地害怕蜘蛛、蟑螂、老鼠……说老实话吗？……在我还是孩子的时候，我妈找过一个老婆子给我算命。她预言我要死于恶妇之手。当时这话使我非常震惊：我心里就对结婚产生了难以克制的反感……而且似乎有什么东西在对我说，她的预言会应验的。至少我得想方设法，让这一预言尽可能晚一些应验。

六月十五日

昨天，魔术师阿普菲尔堡到这里了。饭馆门上贴出一张很长的海报，广告敬爱的公众，这位了不起的魔术师、杂技师、化学和光学师今晚8时整将隆重演出，地点是贵族俱乐部(也就是饭馆)大厅，票价两个半卢布。

所有的人都去观看这位了不起的魔术师的演出，连李戈甫斯科伊公爵夫人也顾不得女儿害病，为自己买了一张票。

今天午饭以后我从薇拉窗前走过，她坐在阳台上，只有她一个人，一张纸条落到我的脚下：

“今晚9点多你来吧，走大楼梯。我丈夫到五峰城去了，明天早晨才回来。我的男女仆人都不会在家，我给了他们每人一张门票，也给了公爵夫人的仆人。我等你。一定要来。”

“啊哈！”我心想，“终于如我所愿了。"

8点钟，我前去看魔术。快到9点钟，观众才到齐，表演开始了。我看到薇拉和公爵夫人的男女仆人都坐在后几排。全都在这里了。格鲁什尼茨基拿着带柄眼镜坐在第一排。魔术师在需要手帕、表、戒指和其他物件时，每次都是找他借。

格鲁什尼茨基已经有好些天不跟我打招呼了，今天又相当无礼地看了我两三次。等到我们算账的时候，他这些账也要算的。

快到10点钟了，我站起身，走了出来。

外面一片漆黑。浓重而寒冷的乌云横卧在周围群山的顶上，只是偶尔有将息的风吹得饭馆周围杨树的梢头沙沙作响。饭馆的窗口都挤满了人。我下了坡，一转弯进了大门，加快脚步。忽然我觉得好像有一个人跟在我后面。我站下来，朝四下里望了望。黑暗中什么也看不见。但为了小心起见，我还是像散步一样在房子周围转了一圈。在我经过公爵小姐窗前的时候，我又听见背后有脚步声，接着就有一个裹着大衣的人从我身旁跑过。这使我不安起来。不过我还是悄悄走向台阶，急忙跑上黑暗的楼梯。门开了，一只纤手抓住我的手……

“没有人看到你吧？”薇拉偎依到我身上，小声说。

“没有！”

“现在你该相信我爱你了吧？……唉，我犹豫了很久，痛苦了很久……这会儿你可以随便拿我怎样了。”

她的心跳得很厉害，一双手凉得像冰一样。她因为嫉妒，责备埋怨起来——她要我把什么都坦白地说说，她说如果我变了心，她也甘心忍受，因为她唯一的愿望就是我的幸福。这话我不完全相信，而是宽慰她，又发誓，又保证，这一类的话说了不少。

“那你不娶梅丽吗？不爱她吗？……她却以为……你知道吗，她爱你爱得发疯了……真可怜呀！……”

……

下半夜2点钟左右，我打开窗子，把两条披巾结在一起，顺着柱子从楼上的阳台溜到楼下的阳台。公爵小姐房里的灯还亮着。我不由地朝她的窗口走去。窗帘没有完全拉上，我可以把好奇的目光投进房里去。梅丽坐在床上，双手交叉在膝盖上，她那浓密的头发拢在一顶花边睡帽下，一块鲜红的大围巾盖着她那雪白的双肩，那一双玲珑的小脚藏在花花绿绿的波斯便鞋里。她一动不动地坐着，将头垂在胸前。面前的小桌上放着一本打开的书，可是她那一双动也不动、充满无限惆怅的眼睛好像已经在同一页上掠过一百遍了，而她的心却在很远的地方……

这时候，有人在灌木丛后面动了一下，我从阳台上跳到草地上。一只看不见的手抓住我的肩膀。“啊哈！”一个很粗暴的声音说，“抓住了！……我叫你在深更半夜里来找公爵小姐！……”

“把他抓结实些！”另外一个人从角落里跳出来，叫道。

这是格鲁什尼茨基和龙骑兵大尉。

我照龙骑兵大尉头上打了一拳，把他打倒在地，我便跑进树丛，我们房前斜坡上的花园里的条条小道都是我很熟悉的。

“有贼！来人呀！……”他们叫起来。一声枪响，冒烟的弹塞几乎落到我的脚上。

一分钟后，我已经到了自己房里，脱掉衣服，躺下了。我的跟班刚刚把门拴上，格鲁什尼茨基和龙骑兵大尉就来敲我的门了。

“毕巧林！您睡了吗？在家吗？……”大尉喊道。

“我睡啦。”我气冲冲地回答说。

“快起来——有贼……契尔克斯人……”

“我伤风了，”我回答说，“我怕再着凉。”

他们走了。我真不该搭理他们，让他们在花园里再搜寻我个把钟头好啦。这时候外面乱腾得不得了了。有哥萨克骑着马从要塞里赶来了。到处闹腾起来。在所有的树丛中搜索起契尔克斯人——不用说，什么也搜索不到。不过，确实有不少人仍然认定，要是警备队更勇敢一些，行动更快一些的话，至少可以当场捉住二十名强盗。

六月十六日

今天早晨，在井旁纷纷议论的就只有契尔克斯人夜袭的事了。我喝过规定的几杯矿泉水，在长长的林荫道上来回走了十来趟，便碰见刚刚从五峰城回来的薇拉的丈夫。他挽住我的胳膊，我们就到饭馆里去吃早饭。他很为他的妻子担心。“昨天夜里她可是吓坏了！”他说，“这事儿就偏偏出在我不在家的时候。”我们在一道门旁边坐下来吃饭，这道门是通向拐角上的房间的，那里面坐了十来个年轻人，其中就有格鲁什尼茨基。命运又一次给我机会，让我偷听到一场谈话，这场谈话应该是决定他的命运的。他没有看到我，因此我不能怀疑他是有意说给我听的。但这在我眼里只能加重他的罪孽。

“难道真的那是契尔克斯人吗？”有一个人说，“是不是有谁亲眼看见他们了？”

“我把这事儿从头到尾说给你们听听吧。”格鲁什尼茨基回答说，“只是请你们不要把我的话说出去。是这么一回事儿:昨天有一个人——他的名字我就不说了——来找我，说在晚上9点多钟看见有一个人溜进李戈甫斯科伊公爵夫人的房子里去了。你们要知道，当时公爵夫人在这儿，小姐却在家里。于是我跟他一起到窗下去守候那个幸运儿。”

说实话，我当时很害怕，虽然我的同桌埋头在吃他的早饭，万一格鲁什尼茨基识破真相，他会听到很不愉快的事的。可是，格鲁什尼茨基嫉妒得失去了理智，连想也没想到我和薇拉的事。

“就这样，”格鲁什尼茨基说下去，“我们去了，还带了一杆枪，装了空子弹，只是想吓唬吓唬他。我们在花园里等到2点钟。终于，他出现了，不知是从哪里出来的，但肯定不是从窗子里，因为窗子一直没有打开，想必他是从柱子后面的玻璃门里出来的——听我说，终于，我们看到，有一个人从阳台上下来……这算什么公爵小姐呀？呃？哼？说实在话，莫斯科小姐都是这样的！还有什么可以信得过呀？我们本想把那个家伙抓住，可是他挣脱了，像兔子一样钻进树丛里，于是我朝他开了一枪。”

格鲁什尼茨基周围发出一片不相信的嘀咕声。

“你们不相信吗？”他又说下去，“我可以拿人格作担保，这一切都是真情实话，而且为了证明这事儿千真万确，我甚至可以说出这位先生的名字。”

“你说，你说，究竟是谁！”大家纷纷嚷起来。

“毕巧林。”格鲁什尼茨基回答说。

这时候他抬起眼睛——我就站在门口面对着他，他的脸顿时通红。我走到他跟前，又慢又明白地说：

“我很抱歉，是在您拿人格担保您最恶劣的诽谤是真情实话之后进来的。我要是在场的话，您也许不会说这种卑鄙话了。”

格鲁什尼茨基从座位上跳起来，就想发作。

“我请求您，”我用同样的语调说下去，“请求您立刻收回您的话。您非常清楚，这是凭空捏造。我不以为，一个女子对您的种种美德不感兴趣，就应该受到如此狠毒的报复。您还是好好想一想：您要是坚持您的说法，就无权称作一个高尚的人，并且要冒生命的危险。”

格鲁什尼茨基垂下眼睛站在我面前，情绪十分激动。但良心同自尊心的斗争是短暂的。坐在他旁边的龙骑兵大尉用胳膊肘捣了捣他。他身子哆嗦了一下，也不抬眼睛，就很快地回答我说：

“可敬的先生，我怎么想，就怎么说，而且可以再说一遍……我不怕您的威胁，不管怎样，我都豁出去了！”

“这一点您已经证明了。”我冷冷地回答他说，于是我挽住龙骑兵大尉的胳膊，就从房间里走了出来。

“您有何事见教？”大尉问。

“您是格鲁什尼茨基的朋友，想必您可以做他的证人吧？”

大尉非常郑重其事地行了个礼。

“您猜对了，”他回答说，“我甚至有责任做他的证人，因为对他的侮辱，跟我也有关系。昨天夜里是我跟他一起的。”他挺直他那有些驼的身子，补充说。

“哦！原来让我不客气地在脑袋上砸了一掌的就是您呀！……”

他的脸一阵黄，一阵青，他藏在心中的恼火在脸上表露出来。

“我今天就派我的证人来见阁下。”我很客气地鞠了个躬，补充说，装作没有理会他的狂怒。

我在饭馆的台阶上碰到薇拉的丈夫。看样子，他是在等我。

他抓住我的手，流露出一种像是十分欣慰的表情。

“多么高尚的年轻人呀！”他眼里含着泪水说，“我全都听见了，他们多么卑鄙，多么无耻呀！……这以后还有哪个上等人家敢接待他们呀！谢天谢地，我没有女儿！不过，您冒生命危险维护姑娘的名誉，她会报答您的。到时候您就会相信愚见了。”他又说，“我也有过年轻的时候，也在军队里服过役。我知道，这类事是不应该干预的。再见吧。”

真可怜哪，他还庆幸自己没有女儿呢……

我径直去找魏奈，他正好在家。我把一切都对他说了：我跟薇拉和公爵小姐的关系，我偷听到的谈话，我从谈话中了解到的那伙儿人要我们空枪决斗以作弄我的意图。不过，现在事情已经超出了玩笑的范围，他们大概也没有料到会发展到这一步。

医生答应做我的证人。关于决斗条件，我对他说了几点应注意之处，他必须坚持，事情尽可能做得秘密些，因为我虽然随时准备送命，却丝毫不想在活着的时候断送自己的前程。

谈好以后，我就回家了。过了一个小时，医生就谈判归来了。

“确实，他们串通了谋害您。”他说，“我在格鲁什尼茨基那儿碰到龙骑兵大尉和另外一位先生，那人姓什么我不记得了。我在穿堂里脱套靴，停了一会儿，他们在里面吵嚷得很厉害……‘我怎么也不同意！’格鲁什尼茨基说，‘他当众侮辱了我——那就是另一回事儿了……'大尉回答说:'这事儿你就别管了！一切由我来安排。我在五次决斗中当过证人,知道这事该怎样办。我全想好了,只是请你不要坏我的事。吓唬他一下就不坏。要是可以不冒险,何必自己去冒险呢？……'这时候我走了进去,他们突然不说了。我们谈判了很长时间,最后我们把事情这样定下来:离这儿五六俄里有一个荒凉的峡谷,他们明天早晨4点钟就到那儿去,咱们比他们晚半小时去。你们相距六步开枪决斗——这是格鲁什尼茨基自己要求的。打死了人,就说是契尔克斯人杀害的。现在我有这样的怀疑:他们,也就是那两个证人,恐怕对原定的计划有所改变,打算只给格鲁什尼茨基的手枪装子弹。这有点儿像谋杀,不过,在战争时期,尤其在亚细亚人的战争中,使用阴谋诡计不是稀罕事。只是格鲁什尼茨基似乎比他的伙伴儿高尚些。您看怎么样？咱们是不是应该让他们知道,已经识破了他们的诡计?"

"千万不要,医生,您放心吧,我不会由他们作弄的。"

"那您究竟想怎么办呢?"

"这是我的秘密。"

"要小心,不要吃他们的亏……要知道,只有六步呀!"

"医生,明天4点钟我等您,马会准备好的……再见吧。"

我关起房门,在家里一直坐到黄昏时候。仆人来请我到公爵夫人家里去,我叫他说我病了。夜里2点钟,我一直没有睡着。然而很需要睡睡,免得明天手发抖。不过,六步之内是不大可能打不中的。哼！格鲁什尼茨基先生！你们的阴谋是不会得逞的……咱们会交换角色的:到时候我要在您那煞白的脸上寻找内心恐惧的表情了。您为什么自己规定这送命的六步呢？您以为我会乖乖地把自己的脑门儿送到您的枪口下吗？……咱们可是要抽签的呀！……要是他走运呢？要是我的本命星最后背叛了我，那怎么办？……怎么办呀？……而且这也不足为奇：我的本命星满足过我的种种要求，已经为我效劳了这样久；天上忠诚不渝的事不见得比人间多些。

那有什么呢？死就死呗！对于世界又不是多大的损失，况且我自己也活得够腻烦了。我好比一个在舞会上打哈欠的人，没有去睡觉，只是因为他的马车还没有到。现在马车不是来了吗？——那就再见吧！

我回顾一生经历，不由得问自己：我为什么活着的？我生下来带有什么目的？……目的肯定是有的，而且赋予我的使命肯定是不小的，因为我觉得我心灵中有无限的力量，可是我猜不透这使命是什么，我迷恋于空虚无聊的情欲而不能自拔。我从情欲的熔炉中走出来，就变得像铁一样又硬又冷，而永远丧失了高尚的志向，丧失了人生的精华。而且从那时起，我扮演过多少次命运之斧的角色！我像死刑刑具似的，往往无冤无仇而且总是毫不怜悯地落到倒霉的牺牲者头上……我的爱情不曾给谁带来幸福，因为我从来没有为我所爱的人牺牲过什么。我爱女人是为了自己，为了自己得到欢乐。我拼命吞吸她们的感情、她们的温柔、她们的快乐和痛苦，而且永远不知餍足，只是为了满足我的心的奇怪要求。就像一个饿得难受的人，昏沉无力地睡去，在梦中看到面前摆满山珍海味和佳酿美酒，他兴高采烈、狼吞虎咽地吃着想象的空中恩赐，似乎也觉得好过些……可是只要一醒来，幻象就消失了……更是加倍的饥饿和绝望！

也许，我明天就要死了！……人世上也不会有谁完全了解我的。有些人会认为我比实际上的我坏些，有些人会认为我比实际上的我好些……有些人会说：他是一个大好人；有些人会说：他是一个坏蛋！……两种说法都是不符合实际的。就这样，还值得花力气活下去吗？而一直活着——只是出于好奇心，等待什么新鲜玩意儿呢……真是又可笑又令人懊丧！

我来到这个要塞已经有一个半月了。马克西姆·马克西梅奇此刻打猎去了。我一个人在房里，坐在窗前。一片片灰云笼罩住群山，直到山脚，透过云雾望去，太阳好像一个黄色的斑点。天很冷，风呼啸着，吹得护窗板摇来摆去。很无聊。我又写起我的日记，这日记是因为种种奇怪的事中断了的。

重读最后一页日记：真可笑呀！——我想死呢，那是不可能的：我还没有喝干人生的苦酒，现在我觉得，我还要活很久呢。

种种往事映入我的脑际有多么清楚、多么深刻呀！时间没有抹掉一根线条、一点色彩。

我记得，在决斗之前的那一夜，我一分钟也没有睡。我不能写很久，因为心里很不安宁。我在房里来来回回踱了个把钟头，然后坐下来，打开摆在我桌上的瓦尔特·司各特的那本小说——《苏格兰的清教徒》。起初我是硬着头皮看的，后来就入了迷，被离奇的情节吸引住了。难道不应该为这本书带来的每一愉快时刻，感谢已经作古的那位苏格兰诗人吗？……

终于天亮了。我的神经安定下来。我照照镜子：我的脸暗灰色，残留着焦躁失眠的痕迹。而我的眼睛，虽然周围出现了黑圈儿，却放射着高傲和刚强的光彩。我依然很满意自己。

我吩咐过备马，就穿好衣服，向浴场跑去。身子浸在冰凉而冒泡的矿泉水里，我觉得体力和精神渐渐恢复了。我出了浴室，浑身爽快，精神抖擞，就像是准备赴舞会。真的，怎么能说精神不取决于身体呢？……

我回到了家里，见医生已经在等我了。他穿着灰色马裤和短上衣，戴一顶契尔克斯皮帽。我看到这小小个儿戴着老大的毛茸茸的皮帽，哈哈大笑起来。他的脸一点儿也不威武，这一回显得比平时更长了。

“您怎么这样忧伤呀，医生？”我对他说，“您不是有上百次送人去阴世，丝毫无动于衷吗？您就当作我害了黄疸病吧！我可能好起来，也可能死去，不论这样那样都在情理之中。您就尽量把我看作病人，害什么病，您还不能确诊——这样您的好奇劲儿就上来了，您现在就可以对我进行一些重要的生理观察……等待横死不就是一种真正的病吗？”

这种想法使医生吃了一惊，于是他高兴起来。

我们上了马，魏奈两手抓住缰绳，我们就出发了。转眼工夫我们就过了要塞，穿过小镇，进入峡谷，峡谷里有一条弯弯曲曲的路，路上几乎长满了荒草，还不时被潺潺的小溪截断，遇到小溪就得蹚水而过，这使医生很伤脑筋，因为他的马一到水里就站住不肯走。

我不记得有哪个早晨更明净、更清新的了！太阳刚刚从青山后面露出脸儿，朝阳的暖意跟渐渐消散的夜晚凉气一融合，顿时使一切感情带上甜美醉人的意味儿。欢欢喜喜的朝阳还没有射进峡谷中来，只是把我们上方两边山岩的顶端染成了金黄色，长在山岩深罅中的枝叶茂密的灌木，经微风一吹，向我们撒下一阵银雨。我记得，这一回我比以前任何时候都更爱大自然。我是多么津津有味地观赏着在宽阔的葡萄叶上抖动着、反射着千万道霞光的每一滴露珠儿！我的视线多么渴望穿透云雾茫茫的远方！

那边，路越来越窄，悬崖越来越高，越来越险，到末了似乎连成一道无法通过的高墙。我们一声不响地骑马走着。

“您写好遗嘱没有？”魏奈忽然问道。

“没有。”

“万一被打死呢？”

“继承人会自己找上来的。”

“难道您没有朋友，可让您最后对他说一声再见的？……”

我摇摇头。

“难道世界上没有一个女人，可让您给她留点儿什么做纪念的？……”

“医生，”我回答他说，“您想要我对您说说心里话吗？……您要知道，我已经不是那个岁数，不会在临死时反复叨念情人的名字，把一绺抹过香油或者没抹过香油的头发遗赠给朋友。我在想到可能就要死的时候，只是想我自己，有些人连这都做不到呢。朋友们嘛，明天就会把我忘记，或者更坏些，给我编造种种流言蜚语；女人们嘛，会一边搂着别的男人一边嘲笑我，免得引起他对死人的嫉妒——去他们的吧！我只是从人生的暴风雨中得到一些想法，却没有得到一点感情。我早已不是靠心灵，而是靠头脑过日子了。我常常衡量和分析自己的感情和行为，纯粹出于好奇，而不动好恶之心，我包含着两个人：一个活着就是活着，另一个在思量他，评论他，第一个我再过一个钟头也许就要跟您和世界永别了，而第二个我……第二个我？……您瞧，医生，您看见悬崖上右边有三个黑黑的人影吗？那恐怕就是咱们的对手吧？……”

我们纵马奔去。

悬崖脚下的树丛里拴着三匹马，我们也把我们的马拴在这儿，就顺着窄窄的小道爬上一块小小的平地，格鲁什尼茨基和龙骑兵大尉以及另一个证人已经在这儿等待我们了；另一个证人的名字叫伊凡·伊格纳季耶维奇，姓什么我始终不知道。

“我们等你们已经很久了。”龙骑兵大尉用讥笑的口气说。

我掏出表来让他看了看。

他道歉说，他的表快了。

有几分钟不说话，有些尴尬。终于医生开了口，对格鲁什尼茨基说：“我觉得，双方既已表示出决斗的决心，并因此保全了自己的名誉，两位就可以好好谈一谈，和和气气地把此事了结了。”

“我愿意。”我说。

大尉对格鲁什尼茨基挤挤眼睛，格鲁什尼茨基以为我胆怯了，就摆出盛气凌人的样子，尽管刚才他的脸上还是一片灰白色。自从我们来到以后，他这时第一次抬起眼睛看了看我，但他的目光中有一种不安神气，表明他的内心在斗争。

“您说说您的条件吧，”他说，“凡是我能为您做到的，都可以说说……”

“我的条件就是：您今天就当众承认自己是造谣诬蔑，并且请求我原谅……”

“先生,我很惊讶,您怎么敢向我提出这样的要求？……”

“不提这个,我能向您提什么呢？……”

“那咱们决斗吧……”

我耸了耸肩膀。

“好吧。不过您要想一想,咱们两个总有一个要死的。”

“我希望这是您……”

“我相信,恰恰相反……”

他发窘了,红了红脸,然后很不自然地哈哈大笑起来。

大尉挽住他的胳膊,把他拉到一边。他们叽咕了好一阵子。

我来时是非常心平气和的,可是这一切渐渐使我火了。

医生走到我跟前。

“您听我说,”他带着明显的焦急心情说,“您想必是忘了他们的圈套吧？……我不会装手枪,可是,在这种情况下……您真是一个怪人！您就告诉他们,您知道他们的意图,他们也就不敢了……真是何苦呢！他们会像打鸟儿一样把您打死呢……”

“请放心吧,医生,不要着急……我什么都想好了,绝不会让他们占到一点儿便宜。就让他们咬耳朵好了……”

“诸位,这就没有意思了！”我大声对他们说,“决斗就决斗嘛,你们昨天有时间谈个够的……”

“我们准备好了。”大尉回答说,“两位先生,站到位置上去吧！……医生,请您量好六步……”

“站到位置上！”伊凡·伊格纳季耶维奇又用尖嗓门儿喊了一句。

“对不起！”我说,“还有一个条件:咱们既然是生死决斗,那咱们该做的一定要尽可能做到,让这事永远成为秘密,让我们的证人不承担什么责任。你们同意吗? ……”

“完全同意。”

“因此,我想出一个办法。诸位看见吗,在这座悬崖顶上靠右边有一块狭长的小小空地? 从那儿往下有三十俄丈深,也许还不止,下面都是锋利的石头。我们每个人都站到那块小小空地的尽边上,这样就是受一点儿轻伤也会死的。这应该是符合您的心意的,因为是您自己规定了六步距离。谁一受伤,一定会跌下去,摔个粉身碎骨。子弹让医生取出来,那就很容易把这样的猝死说成是失足摔死的。咱们就来抛钱决定谁先开枪吧……最后我向你们声明,不这样我就不决斗。”

“好吧。”大尉带着微妙的表情地看了看格鲁什尼茨基,格鲁什尼茨基点头表示同意之后,大尉说。格鲁什尼茨基的脸色不断地在变化,我使他处于十分为难的境地。在一般的条件下决斗,他可以瞄准我的一条腿,使我受点儿轻伤,这样就可以满足他的报复心,而不至于使自己的良心感到太沉重。可是现在他就得朝天开枪,要么就成为杀人凶手,要么干脆放弃自己可耻的阴谋,面对跟我一样的危险。此时此刻处在他的位子是很难过的。他把大尉拉到一边,很激动地对大尉说起来。我看到,他那发了青的嘴唇不住地哆嗦着,可是大尉带着轻蔑的微笑转过身去不理他。

“你这傻瓜,”他用相当大的嗓门儿对格鲁什尼茨基说,“你什么也不懂! 咱们走吧,诸位!”

灌木丛中有一条窄窄的小道通向悬崖,许多碎石片为这道天然阶梯铺成一层层很不稳实的石级。我们便抓着灌木往上爬。

格鲁什尼茨基走在前面，随后是他的两个证人，再后面是我和医生。

“我觉得您这人真怪。”医生紧紧握住我的手说，“让我来摸摸您的脉搏！……啊哟！跳得太快了……可是看您的脸，什么也看不出来……只是您的眼睛比平时更亮了。”

忽然有许多碎石子哗啦啦地滚到我们的脚下。怎么一回事儿？原来是格鲁什尼茨基打了个趔趄，他抓住的树枝断了，要不是他的两个证人把他扶住，他准会仰面朝天跌下去的。

“当心点儿！”我大声对他说，“可不要现在就跌下去！这是不祥之兆。别忘了朱利·恺撒[1]的事！”

我们终于爬到悬崖顶上。小小的平地上铺了一层细沙，好像是专门为决斗布置的场所。

周围是连绵不断的峰峦，好像数不清的一大群牲口，笼罩在金黄色的晨雾中；南面是厄尔布鲁士山，像白色巨人，矗立在一排白雪皑皑的峰峦的尽头处，从东方涌来的一缕缕白云已经在峰峦之间游荡。我走到小小平地边上，朝下一望，我的头都差点儿晕了：下面似乎又黑又冷，像棺材里一样；风吹雨打，岁月流逝，掉下去的许多石头上长满青苔，露着尖爪利齿，似乎在等待着猎物。

我们要进行决斗的小小平地几乎呈三角形。我们从突出的一角量出六步距离，并且商定，谁应该第一个面对对方的枪口，谁就站到这个角上，背对深谷；要是他没有被打死，那就双方互换位置。

---

①朱利·恺撒（前100—前44），古罗马统帅。传说他忽视不祥预兆，终遭暗杀。

我决意把一切有利条件让给格鲁什尼茨基，我是想试试他，他心中也许会重新燃起宽宏大量的火花，那样一切就平安无事了。然而自尊心和性格上的弱点想必是占了上风！……要是命运能厚待我的话，我希望能为自己找到充分理由不怜悯他：谁没有跟自己的良心讲过这一类的条件呀？

“您来抛钱决定先后吧，医生。”大尉说。

医生从口袋里掏出一枚银币，举得高高的。

“字面儿！”格鲁什尼茨基急忙叫道，仿佛一个人突然被朋友推醒了。

“鹰面儿。”我说。

银币在空中划了半个圈儿，当的一声落在地上，大家都奔过去。

“您走运了，”我对格鲁什尼茨基说，“该您先开枪！不过您要记着，您要是打不死我，那我是不会打不中的！我可以向您保证。”

他的脸红了，他觉得打死一个没有武器的人是有愧的。我凝神看着他，有一小会儿我觉得，他就要扑倒在我的脚下，请求原谅；可是怎么能承认这样卑鄙的阴谋呢？……他只有一个办法——朝天开枪。我相信，他会朝天开枪的！只有一种情况会使他不这样做，那就是想到我会要求第二次决斗。

“是时候了，”医生扯扯我的袖子，小声对我说，“您要是现在还不说我们知道他们的圈套，那就什么都完了……您瞧，他就要装子弹了……您要是什么也不说，那我来……”

“千万不要说，医生！”我拉住他的胳膊，回答说，“您会把什么都弄糟的，您答应过我不干涉……这关您什么事？也许我想死呢……”

他惊讶地对我望了望。

“噢！那就是另外一回事儿了！……只是您到了阴间可不要怨我。”

大尉这时把枪装好了，微微笑着对格鲁什尼茨基说了句什么话之后，把一支手枪交给他，另一支交给我。

我站到小小平地突出的角上，左脚使劲抵住一块石头，身子适当往前倾，万一受了轻伤，不至于往后翻倒。

格鲁什尼茨基站到我对面，听到发出的信号便举起枪来。他的双膝在打哆嗦。他瞄准了我的脑门儿。我胸中燃起一股无名怒火。

忽然他垂下枪口，脸色煞白，转过身去朝着他的证人：

“我不行。”他用低沉的声音说。“胆小鬼！”大尉回答说。

枪声响了。子弹擦伤了我的膝部。我不由地往前走了几步，快点儿离开边缘。

“唉，格鲁什尼茨基老弟，真遗憾，你没有打中，”大尉说，“现在轮到你了，去站好吧！先来拥抱我一下吧，咱们再也见不到了！”他们拥抱了一下，大尉好不容易忍住笑。“别害怕！”他诡秘地朝格鲁什尼茨基看了一眼，补充说，“世间万事皆荒唐！……大自然是个糊涂蛋，命运是只蠢火鸡，生命只值一个铜板！”

他郑重其事地念完这段悲剧台词之后，回到原来的位置。伊凡·伊格纳季耶维奇也含着眼泪拥抱了一下格鲁什尼茨基。于是只有格鲁什尼茨基一个人面对我站着了。我至今怎么也弄不清楚,当时我胸中翻腾着的是一种什么样的心情:有自尊心受伤害的懊恼,有轻蔑,也有愤恨——因为一想到此刻这样镇定、这样傲慢地望着我的这个人还想在自己不冒任何危险的情况下像打死一条狗一样打死我,我就愤恨起来,因为腿上的伤如果多少厉害一点儿,我一定会从悬崖上跌下去的。

我朝他脸上凝神看了好几分钟,很想看到哪怕一点儿后悔的表情。可是我觉得,他是在憋着笑。

“我劝您在临死前向上帝祷告一下。”于是我对他说。

“您不必为我的灵魂多操心,还是操心操心自己的灵魂吧。我对您只有一个要求:快点儿开枪。”

“您还不承认自己造谣吗?还不请求我原谅吗?……好好想一想吧:您的良心不觉得有愧吗?”

“毕巧林先生!”龙骑兵大尉叫起来,“对不起,我要提醒您一下,您到这儿来不是布道的……咱们这事儿要快点儿了结,万一有什么人从峡谷里经过,会看到咱们的。”

“好吧。医生,请到我跟前来。”

医生走了过来。可怜的医生呀!他的脸色竟比十分钟之前的格鲁什尼茨基还灰白。

下面几句话我特意说得抑扬顿挫,又响亮又清楚,就像是宣读死刑判决书。

“医生,这两位先生想必太仓促了,忘记往我的手枪里装子弹,请您重新装一下,要好好地装!”

“不可能!”大尉叫道,“不可能!两支手枪我都装了—— 除非您那一支里面的子弹掉出来了……这不怪我!……你可没有权利重新装……绝对没有权利……那是完全违反规则的……我决不答应……"

"好呀,"我对大尉说,"要是这样的话,那我跟您也按同样的条件来决斗吧……"

他踌躇起来。格鲁什尼茨基低垂着头站着,又尴尬又阴沉。

"随他们怎样吧!"就在大尉想从医生手里夺下我那支手枪的时候,他终于对大尉说。"你自己也知道,他们说得不错。"

大尉向他做种种手势,全没有用——格鲁什尼茨基连看都不想看。

这时医生已经把手枪装好,递给了我。

大尉看到这情形,吐了口唾沫,跺了跺脚。"你真是个糊涂虫,老弟,"他说,"不折不扣的糊涂虫!……你既然信得过我,那你什么都听我的好啦……你这是活该!你就像只苍蝇一样死掉吧……"他转过身去,一面往旁边走,一面嘀咕说:"这是完全违反规则的。"

"格鲁什尼茨基,"我说,"还有时间。你承认自己是造谣,我什么都可以原谅。你想作弄我没有作弄成,我的自尊心也就得到满足了——别忘了咱们原来是朋友。"

他的脸一下子涨红了,眼睛也放起光来。"开枪吧,"他回答说,"我瞧不起我自己,我也恨您。您要是不把我打死,到夜里我会从暗地里出来把您宰了。在人世上没有咱们两个并存的地方……"

我开了枪。

等硝烟散去,小小平地上已经没有格鲁什尼茨基了。只有一小股灰尘在悬崖边上缭绕着。像一根轻飘飘的柱子。大家一齐叫起来。

“一场闹剧演完啦!”我用意大利语对医生说。

他没有回答,而是带着恐怖的神情转过身去。

我耸了耸肩膀,就向格鲁什尼茨基的两个证人鞠躬告别。

我在顺着小路往下走的时候,在岩石裂罅中看到格鲁什尼茨基血肉模糊的尸体。我不由得闭上眼睛。

我解下马,骑上马缓步往家走。我心里有一块石头。我觉得太阳暗淡了,阳光也不温暖了。

不等到小镇,我就向右一拐顺着峡谷走去。见到人我觉得难堪,我想一个人走去。我放开缰绳,垂下头,骑着马走了很久,终于来到一个完全陌生的地方。我掉转马头,寻找回家的路,太阳已经落山的时候,我才筋疲力尽地骑着筋疲力尽的马来到基斯洛沃茨克。

跟班告诉我,魏奈来过,并且交给我两封信:一封是他写的,另一封是……薇拉写的。

我拆开第一封信,信的内容如下:

“一切都料理妥当;尸体已运来,面目全非,子弹已从胸部取出。大家都相信他死于意外,只有司令,想必知道你们的争吵,摇了摇头,但是什么也没有说。没有任何对您不利的证据,您可以安心睡觉了,如果您能够这样的话。再见。”

我很久不敢拆开第二封信……她会给我写些什么呢?……我心中惶惶不安,有一种沉重的预感。

这就是那封信,每一个字都深深刻在我的脑海里,无法磨灭:

“我写信给你,因为深信咱们再也不会见面了。几年以前跟你分手的时候,我也是这样想的。可是上天有意再一次考验我,而我没经受住这场考验,一听到熟悉的声音,我的脆弱的心又屈服了……你不会因此瞧不起我,不是吗?这封信是告别,也是倾诉衷肠。我应该把我自从爱你以来积累在心中的一切都告诉你。我不想责怪你——你对待我,像任何别的男人一样:你爱我,把我当作私有物,当作欢乐、焦虑和悲伤的源泉——这些感情往往是互相交替的,不这样人生就单调乏味了。这一点我一开头就明白了……不过,你是不幸的,我也牺牲了自己,是希望你有朝一日会看重我的牺牲,有朝一日你能理解我这种不取决于任何条件的深情。从那时起,很多时间过去了,我摸透了你心灵的一切奥秘……我才认定我的希望是空想。我好痛苦呀!但是我的爱情已经跟我的魂结合为一体,爱情暗淡了一些,但没有熄灭。

“咱们要永远分手了,不过你可以相信,我永远不会再爱别人,我的心灵已经把所有的珍宝,所有的眼泪和希望,全部捧给了你。只要爱过你的女人,看待别的男人不能不带些轻蔑,并不是因为你比他们好,才不是呢!但是你的天性中有一种特别之处,一种高傲而神秘之处,这是你独有的。不论你说什么,你的声音都有一种不可征服的威力。谁也不能这样一直希望为人所爱,谁的罪孽都不像这样有魅力,谁的眼神都不会带给人这样多的幸福,谁也不能比你更好地利用自己的优越之处——而且,谁也不可能这样真正的不幸,因为谁也不会这样竭力使自己相信与事实相反的事。

“我应该向你说明我仓促离去的原因了,这在你看来是无关紧要的，因为这只关系到我一个人。

“今天早晨我丈夫到我屋里来，对我讲了你和格鲁什尼茨基争吵的事。显然，我的脸色改变得太厉害了，因为他有老半天目不转睛地盯住我的眼睛。我一想到你今天就要决斗，想到这事儿就是因为我，差点儿晕倒。我觉得我要发疯了…… 不过现在，我能思量了，我相信你依然活着：你不可能丢下我死去，不可能的！我丈夫在屋子里来来回回踱了好一阵子，我不知道他对我说了些什么，不记得我是怎样回答他的……想必是我对他说了我爱你……只记得，在我们谈话结束的时候，他骂了我一句很难听的话，就走出去了。我听见，他吩咐套车……现在我坐在窗口，等你回来，已经有三个钟头了……不过你一定活着，你不会死的！……马车快套好了……别了，别了……我完了——不过，这有什么？……只要我能相信你会永远记着我，就不说永远爱我了——是的，只要永远记着我就行了……别了！……有人来了……我得把信藏起来……

“你不爱梅丽，是吗？你不会娶她吧？你听我说，你应该为我做这样的牺牲，因为我为你失去了人间的一切……”

我像疯子似的跑到台阶上，纵身跳上我那匹正在院子里遛着的“契尔克斯人”，就跑上了去五峰城的大道。我毫不留情地驱赶着筋疲力尽的马，这马呼哧呼哧喘着，浑身冒着汗珠，驮着我在石子路上飞奔。

太阳已经躲到西方山峰之上停歇着的一片乌云里面，峡谷里又暗又潮湿了。波德库莫克河水在乱石间流过，发出低沉而单调的吼声。我纵马飞奔，焦急得呼哧呼哧喘着。一想到在五峰城恐怕已经见不到她了，就像有铁锤打击我的心！只要一分钟，只要再见她一分钟，跟她告告别，握握她的手就好了……我祈祷，我诅咒，我哭，我笑……不行，怎么也不能表示我的不安和绝望心情！……在可能永远失去薇拉的时候，我感到薇拉比世界上什么都可贵，比生命、荣誉、幸福都可贵呀。天知道我的头脑里产生了一些多么奇怪、多么疯狂的念头……我还是一直毫不留情地驱赶着马在飞奔。终于我发现我的马喘气越来越吃力，在平地上已经打了两个踉跄……到哥萨克镇叶辛杜基还有五俄里呢，到那里我才能换一匹马。

要是我的马能够再支持十分钟，一切都好了！可是在出山口急转弯的地方，在从一条不大的冲沟里往外跳的时候，我的马突然扑通一声倒在地上。我连忙跳下来，拼命拉缰绳，想把马拉起，却怎么也没有用。它从紧咬的牙关里发出微弱的哼哧声，过了几分钟，马就断气了。我失去最后的希望，在荒野里就剩我一个人了。我试着步行，可是我的腿发软。我这一天紧张不安，又加上一夜未眠，实在筋疲力尽，一下子倒在湿漉漉的草地上，像小孩子一样哭了起来。

我一动不动地躺了很久，哭得很伤心，再也不想憋住眼泪和哭声。我以为，我的胸膛就要炸开来了。我的刚强，我的冷静——都像烟一样一下子消失了。我的心灵疲惫无力，理智已不起作用，如果此时此刻有谁看见我，准会鄙夷地转身就走。

在夜露和山风使我火热的头脑清醒，思维恢复正常时，我才明白，追寻逝去的幸福是无益的，不明智的。我还要什么呢？——看一看她吗？何必呢？我们之间的一切不是全完了吗？一个痛苦的离别的吻不会为我的回忆增添多少色彩，而只能使我们更加难舍难分。

不过，我能哭一场，是感到愉快的。虽然，使得我哭的也许是紊乱不宁的神经、通夜的失眠，面对枪口的两分钟和空空的肚子。

天无绝人之路！这种新的痛苦，用军事术语来说，帮我进行了一场声东击西的成功战役。哭哭是有益的。再说，我要不是骑马跑了一阵子，又不得不步行回家走了十五俄里，这天夜里我还是难以入眠的。

我在凌晨5点钟回到基斯洛沃茨克，往床上一倒，就像滑铁卢战役之后的拿破仑那样睡去了。

我醒来时，天色已经黑了。我坐到打开的窗子旁边，解开上衣，山风将我疲劳的沉睡之后还没有宁静下来的心胸吹清爽了。河那边，远处，透过河边浓密的椴树梢头，可以看到要塞里和小镇上闪烁着点点灯火。我们的院子里鸦雀无声。公爵夫人的房子里黑黑的。

医生走了进来。他的眉头紧皱着，而且他一反常态，没有伸手给我。

“您从哪儿来，医生？”

“从李戈甫斯科伊公爵夫人家来。她女儿病了——神经衰弱！问题倒不在这儿，而是可能有点儿麻烦。当局在查问，虽然无法找到真凭实据，不过我劝您留点儿神。公爵夫人今天对我说，她知道您是为了她的女儿决斗的。这都是那个小老头儿——他叫什么来着？——给她讲的。他亲眼看到您在饭馆里跟格鲁什尼茨基争吵。我是来警告您。别了，也许咱们再也见不到了，说不定会把您流放到什么地方去的……”

他在门口站下来，很想跟我握握手……而且，假如我对他表示一点点想握手之意，他会扑过来搂住我的脖子的。但是我依然冷得像石头——于是他走了。

这就是人呀！人都是这样，事先就知道一样行为的种种坏处，看到不可能有别的办法，就帮忙，出点子，甚至鼓励去干这种事——事后就把手洗干净，愤然转过身去，躲开那个敢于承担全部责任的人。人都是这样的，就连最善良、最聪明的人也不例外！……

第二天早晨，接到上级命令要调我到某要塞去，我就到公爵夫人家去辞行。

她问我，有没有什么特别重要的事要和她谈。我回答说，祝她幸福康健，等等，她听了非常惊愕。

"我可是有些话要跟您认真谈谈呢。"

我一声不响地坐下来。

显然，她不知从何说起，她的脸憋红了，她那肉嘟嘟的手指敲着桌子，终于她断断续续地说起来：

"您听我说，毕巧林先生！我以为，您是一个高尚的人。"

我鞠了个躬。

"这一点我甚至可以肯定，"她说下去，"虽然你的所作所为有些可疑。不过您也许有一些原因，是我不知道的，那您现在应该把这些原因好好对我说说了。您维护了我女儿的名声，为她进行了决斗，因而冒过生命的危险……您不用解释。我知道，这事儿您是不会承认的，因为格鲁什尼茨基被打死了（她画了个十字）。上帝会饶恕他的，我希望，上帝也饶恕您！……至于我呀，我可不敢责备您，因为我的女儿虽然无辜，这事儿却因她而起。她已经把事情全对我说了……我想，是全说了，您向她表白了爱情……她也承认了她爱您！（公爵夫人说到这儿，长叹了一声。）可是她病了，而且我相信，这不是普通的病！是心病使她憔悴。她不承认，可是我相信，您是她心病的根源……听我说，您也许以为我看重功名财富——可别这样想！我只希望女儿幸福。您现在地位不怎么样，但地位是可以改变的——您有产业，我的女儿爱您，她有很好的教养，会使丈夫过得很幸福。我有钱，只有这么一个女儿……您说说，您还有什么犹豫的？您瞧，这一切我本来不应该对您说，可是我信得过您的良心、您的人品。别忘了，我只有一个女儿……只有一个呀……"

她哭起来。

"夫人，"我回答说，"我无法回答您。请允许我跟您女儿谈谈——单独谈谈……"

"那可不行！"她十分激动地从椅子上站起身来，叫起来。

"那就听便吧。"我一面回答，一面准备走了。

她沉思了一会儿，做了个手势叫我等一等，便走出去了。

过了五分钟。我的心跳得厉害，可是我的思想很镇定，头脑也很冷静。我尽量在心中寻找对可爱的梅丽的爱的火花，却怎么也找不到。

门开了，她走了进来。天啊！自从我上次见过她之后，她的模样变得多么厉害呀！这才有多久呀？

她走到屋子当中，身子摇晃起来。我连忙站起来，把手伸给她，把她搀扶到软椅上。

我面对她站着，我们好一阵子没有说话。她的一双大眼睛流露着无限惆怅，似乎要在我的眼睛里寻找希望之类的迹象，她那苍白的嘴唇想笑又笑不出来，她的一双玉手交叠在膝盖上，又瘦又没有血色，我不禁怜惜起她来。

“小姐……”我说道，“您知道，我拿您开了个玩笑！……您应该鄙视我。”

她的两腮出现了病态的红晕。

我又说下去：“因此，您不可能爱我……”

她转过脸去，胳膊肘支在桌子上，一只手捂住眼睛，我觉得，她的眼睛里噙着泪水。

“我的天哪！”她用勉强听得见的声音说。

这真叫人受不了，再有一分钟，我会扑倒在她的脚下的。

“所以，您自己也明白，”我尽可能用坚决的口气并且勉强带着苦笑说，“您自己也明白，我不能跟您结婚。就算您现在有此心意，那您不久就会后悔的。刚才您妈和我谈了话，因此我觉得有必要这样直率这样粗鲁地把话对您说一说。我希望她这是出于误解，您是很容易使她改变想法的。您也明白，我在您的心目中扮演着一个最可怜和最可恶的角色，这是连我自己也承认的。我能为您做到的就是这些了。不论您对我有多么坏的看法，我都愿意接受。您看见了吗？我与您相比，多么卑劣。就算您原来爱过我，那么，从这一刻起，您该鄙视我了，不是吗？……”

她向我转过脸来，脸白得像大理石，只有眼睛闪着奇异的光彩。

“我恨您……”她说。

我谢了谢她，恭恭敬敬地鞠了个躬，便走了出来。

一个钟头之后，一辆特快三马驿车就载着我驰出了基斯洛沃茨克。

在离叶辛杜基几俄里的地方，我在大路旁边认出了我那匹烈马的尸体，马鞍没有了，想必是过路的哥萨克卸掉的，在马背上原来放马鞍的地方有两只乌鸦。我叹了一口气，连忙转过脸去！……

如今，在这儿，在这冷冷清清的要塞里，在我回首往事的时候，常常问自己：为什么我不愿去走命运为我开辟的、有安乐与康宁等待着我的那条道路呢？……不可能！我不会安于这种命运！我就像一个生长在海盗船上的水手，他的心灵已经跟风暴与搏斗结下不解之缘。要是让他到了岸上，不论那绿茵茵的树林怎样引诱他，和煦的阳光怎样照耀他，他都会感到寂寞和苦闷。他会整日里在海边沙滩上徘徊，倾听单调的拍岸的浪涛声，眺望雾茫茫的远方：那令人望眼欲穿的白帆有没有在蔚蓝的大海与灰色云层之间的白色水平线上闪现，起初像海鸥的翅膀，渐渐地便从浪花中分离出来，又快又平稳地驶向这荒凉的码头……

三、宿命论者

我有一次在右翼阵地的一个哥萨克镇上待了两个星期，那里驻扎着一个步兵营。军官们轮流在各人的住处聚会，到晚上就打牌。

有一天晚上，我们在某少校处打牌打腻了，就把牌扔到桌下，闲坐了很久，谈得津津有味，与以往大不相同。谈的是，伊斯兰教认为人的命运是上天注定的，这种迷信说法在我们基督教徒中也有许多人相信。每个人都说了各种各样的奇闻，证明确有此类事，或者证明其荒诞。

“诸位，这一切都不足为凭，”老少校说，“因为诸位谁也没有亲眼见过足以证实自己的说法的那些怪事……”

“当然谁也没见过！”许多人说，“不过我们是从可靠的人嘴里听来的……”

“这一切都是胡扯！”有一个人说，“这些可靠的人在哪儿见过我们的死亡时刻表？……要是真有什么定数，那又何必赋予我们意志和理性？为什么我们还要考虑我们所作所为的后果？……”

这时候，一位坐在角落里的军官站了起来，慢慢地走到桌子旁边，镇定而郑重地向大家扫了一眼，他是个塞尔维亚人，这从他的名字可以看出来。

乌里奇中尉的相貌与他的性格完全符合。高高的身材，黑黝黝的脸色，乌黑的头发，锐利的黑眼睛，具有民族特征的高大而端正的鼻子，嘴边总是闪动着的苦涩而冰冷的微笑——这一切似乎非常协调，为的是使他具有特殊人物的外表——这种人不会和命运安排给他作同伴的人交流思想感情。

他很勇敢，说话很少，但很尖刻。他没有向任何人吐露过自己的内心秘密和家庭秘密，几乎滴酒不沾，从不追逐年轻的哥萨克的女子——哥萨克女子有多么美，没见过的人是难以想象的。据说，上校夫人见到他那一双富于表情的眼睛就芳心荡漾，可是，当有人说话中暗示此事时，他竟气得不得了。

只有一种嗜好是他不隐瞒的，那就是好赌博。一到绿呢赌台边，他就什么都忘了，而且往往是输钱，但他越是常输，越是赌得带劲儿。据说，在远征作战的时候，有一天夜里，他在枕头上坐庄，这一次他赌运极好。忽然几声枪声，有紧急警报。大家都跳起来，跑去拿武器。"下注呀！"乌里奇没有站起来，对一个赌得最起劲的赌伴说。"我押七。"那人一面跑，一面回答说。尽管这时已经乱成一团，乌里奇还是一直把牌分完。七点押中了。

当他来到阵地上的时候，双方火力已经十分猛烈了。乌里奇不理会子弹，也不理会车臣人的马刀，却到处去找那个赢了钱的赌伴。

"七点押中了！"这时尖兵队已经渐渐把敌人逼出树林，他终于在尖兵队里看到赢钱的赌伴，就叫起来，并且走到跟前，掏出自己的钱袋和皮夹，尽管赢者反对在这种场合清算赌账，他还是把钱付清了。他尽过这项不愉快的责任之后，才带领士兵向前冲去，并且沉着地跟车臣人交战，直到把这一仗打完。

当乌里奇中尉走到桌子旁边时，大家都不说话了，以为他准会有什么乖戾的花样儿。

"诸位，"他说（他的语气很平静，虽然声音比平时低些），"诸位，空口争论有什么意思？诸位都说要证据，那我就向诸位建议：在自己身上试一试，看一个人能随意支配自己的生命，还是每个人的生死都有定数……谁愿意试一试？"

"我不试，我不试！"周围的人都叫起来，"真是怪人！想出这种花样儿！……"

“我愿意打赌。”我开玩笑说。

“打什么赌？”

“我认为没有什么定数。”我把口袋里所有的二十来个金币全部掏出来放在桌上，说。

“我就来打赌，”乌里奇用低沉的声音说，“少校，就请您做公证人。我这儿有十五个金币，您欠我五个金币，就帮个忙给我凑齐吧。”

“好的，”少校说，“不过，说实话，我不明白，是怎么一回事儿……以及怎样决定胜负……”

乌里奇一声不响地走进少校的卧室。我们跟着他走进去。他走到墙边，墙上挂着武器，他从挂在钉子上的各种口径的手枪中随手摘下一支，我们还不明白他要干什么。可是，当他扳起枪机，往火药池里装火药的时候，许多人不由得叫起来，抓住他的胳膊。

“你要干什么？你听着，这简直是疯啦！”大家都对他叫起来。

“诸位，”他抽出自己的胳膊，慢吞吞地说，“那谁愿意替我付二十个金币？”

大家都不作声，走开了。

乌里奇走到另一间屋里，在桌边坐下来。大家都跟着他走进来。他做了个手势请我们在周围坐下来。大家都一声不响地听他的，此时此刻，他有一种神秘的力量控制着我们。我凝神看了看他的眼睛，他却用镇定和动也不动的目光迎接我探询的眼神，而且他那苍白的嘴唇还笑了笑。尽管他如此冷静，我觉得似乎在他那苍白的脸上看到了死的阴影。我曾经发现,而且有许多久经战场的人证实过我的发现:一个人如果在几个小时以后就要死去的话,在他的脸上往往有一种奇怪的、劫数难逃的迹象,所以,阅历丰富的眼睛是难得看错的。

“您今天要死的。”我对他说。他很快地向我转过脸来,回答却又慢又镇定:

“也许对,也许不对……”

然后,他转身问少校,手枪是不是装了子弹的。少校慌乱得记不清楚了。

“得了吧,乌里奇!”有一个人叫起来,“既然挂在床头,肯定是装了子弹的……开什么玩笑呀! ……”

“真是愚蠢的玩笑,”另一人附和说。

“我拿五十卢布对五卢布打赌,这枪没有装子弹!”又有一个人叫道。

于是为这事又安排好一次打赌。

这样繁杂的程序使我感到不耐烦了。

“诸位听我说,”我说,“要么开枪,要么把枪挂回原处,咱们都去睡觉。”

“可不是,”许多人叫起来,“咱们该去睡觉啦,”

“诸位,我请你们不要走。”乌里奇说着,把枪口抵到脑门儿上。大家都愣住了。

“毕巧林先生,”他又说,“请您拿一张纸牌往上扔。”

我现在还记得,当时我从桌上拿起一张红桃爱司往上一扔,大家的呼吸都停止了,所有的眼睛都流露着恐惧和一种莫名其妙的好奇神情，看着手枪，又看着在空中颤动着慢慢下落的不祥的爱司。那爱司一挨到桌面，乌里奇就扣了扳机……没有发火！

“谢天谢地，”许多人叫起来，“没有装子弹……”

“不过，咱们来瞧瞧。”乌里奇说。他又扳起枪机，瞄准挂在窗子上面的一顶军帽——枪响了，顿时满屋子硝烟！等到硝烟散了，摘下军帽。军帽正中心打了一个窟窿，子弹钻进墙里老深。

有三四分钟谁也说不出话来。乌里奇心安理得地把我的金币装进自己的钱袋。

大家纷纷议论，为什么手枪第一次没有打响。有些人认为，想必是火药池堵塞了；有些人小声说，火药起初是潮湿的，后来是乌里奇另倒进去的；但我可以肯定，后一种说法是没有根据的，因为我的眼睛一直没有离开过手枪。

“您的赌运真好。”我对乌里奇说。

“这是生平头一次呢，”他得意地笑着回答说，“这比坐庄和打什托斯好些。”

“可是要危险些。”

“怎么样，您现在开始相信定数了吧？”

“我相信……不过我现在还不明白，为什么我总觉得您今天一定要死……”

就是这一个人，刚才还那样从容地拿着枪对准自己的脑门儿的，现在却突然发起火，并且焦急不安起来。

“哼，得了吧！”他说着，站起身来，“咱们打赌打完了，现在我觉得您讲这种话是不妥当的……”他抓起帽子就走了。我觉得这事儿有点蹊跷——果然不是白担心！……

不一会儿，大家就各自往家走，议论着乌里奇的怪诞行为，议论各有不同，却异口同声地说我是个利己主义者，因为我竟然和一个想自杀的人打赌，好像没有我他就找不到合适的机会了！……

回家路上，走过镇上一条条空荡荡的小巷。一轮满月红红的，像失火时的火光，渐渐从高高低低的一排房屋后面升上来。星星安详地在暗蓝色的天空闪烁着。我一想到古代圣贤认为天上的星辰也参与人间的微小争端，帮着争夺一小块土地或者什么虚幻的权益，就感到好笑！……结果怎样呢？他们认为专门为他们的战斗和胜利而照亮的这些明灯，至今依旧光辉灿烂，而他们的志气和抱负早已同他们一起化为乌有，有如来去无踪的流浪者在林边点燃过的一点火星。可是，他们相信上天以及天上无数星辰在注视着他们，虽然无言，却一直关怀着他们，这种信心为他们增添了多少意志力呀！……然而我们，他们这些可怜的后裔，在大地上游荡，没有信仰，没有抱负，没有欢乐和恐惧，只有一想到难免一死就不由得害怕，心里发悸，我们再也不能为造福人类或谋求个人幸福做出伟大牺牲，因为知道其不可能，于是我们冷漠地彷徨了又彷徨，就像我们的祖先，失误了不惜再失误，而不像我们的祖先那样抱有希望，甚至也没有每次同人或命运搏斗时心灵会享受到的那种虽然真实却转瞬即逝的欢乐。

还有许多类似的想法在我的头脑中掠过，我没有让这些念头停留，因为我不喜欢老是思索什么抽象的问题。而且，这有什么意思呢？……我在青春少年时是爱幻想的：我喜欢轮流欣赏不安分的、火热的想象力为我描绘的时而阴暗时而光辉灿烂的景象。

可是这给我留下什么呢？——只有疲惫，好像是黑夜里跟幽灵进行过一场搏斗，再就是充满悔恨的模模糊糊的回忆。在这种无益的搏斗中，我耗尽了心灵的热火劲儿和现实生活所必需的毅力。我是在思想上经历过现实生活之后，进入现实生活的，所以我感到乏味、厌恶，就像一个人在读一本早已熟悉的书的拙劣的仿本。

这天晚上发生的事给我留下相当深刻的印象，并且使我的神经受到震动，我说不准，我现在是不是相信定数，但那天晚上我肯定是相信的：证据是特别明显的，所以我尽管嘲笑了我们的祖先和他们那处处应用的星相术，却也不由得重蹈他们的覆辙。不过我在这条危险的路上及时收住了脚，并且因为有个准则既不绝对否定什么也不盲目信仰什么，于是把冥冥空想抛到一边，注意起脚下。这样的戒备非常及时：我绊在一样又肥又软和，但显然不是活的东西上，差点儿跌倒。我弯下腰——这时月亮已经对直地照着大路——什么东西呀？在我面前躺着的是一头猪，被马刀斩成了两截……我刚刚看清楚是什么，就听到一阵脚步声：有两个哥萨克从小巷里跑了出来，其中一个走过来问我，有没有看到一个喝醉了酒的哥萨克在追赶一头猪。我对他们说，没有看到哥萨克，只是指了指那个哥萨克发酒疯造成的不幸牺牲者。

“这个强盗！”另一个哥萨克说，“一喝了酒，就出来乱砍，见什么砍什么。咱们追他去，叶列梅奇，要把他捆起来，要不然……”

他们走远了，我更加小心地继续走我的路，终于平安地回到我的住处。

我住在一个老军士家里。我很喜欢他，因为他为人善良，尤其因为他有一个很标致的女儿娜斯佳。

她一如往常，裹了皮袄，在篱笆门边等我。月光照着她那可爱的、因为夜晚寒冷冻得发了青的嘴唇。她一认出我，嫣然一笑，可是我没有心思理她。“再见，娜斯佳。”我说着，就从她身旁走过去。她本来想说点儿什么的，可是只叹了一口气。

我随手关上房门，点起蜡烛，就倒在床上。但是这一回我比往常更难入睡。东方已经开始发白了，我才睡着，可是显然上天已经注定，这一夜我不能睡个够。早晨4点钟，两个拳头敲起我的窗子。我一骨碌爬起来，怎么回事儿呀？……“快起来，把衣服穿上！”有几个声音对我喊道。我匆匆穿好衣服，走了出来。“你可知道出了什么事？”来找我的三个军官异口同声地说，他们的脸色白得像死人。

“什么事？”

“乌里奇被杀死了。”

我愣住了。

“真的，他被杀死了。”他们又说，“咱们快去吧。”

“上哪儿去呀？”

“等会儿就知道了。”

我们就出发了。他们把发生的事一五一十对我说了说，掺杂了对于奇怪定数的种种看法，认为必死而不死，过半个小时才死，这就是定数。当时乌里奇一个人在黑黑的街上走着，正好碰上那个喝醉了酒、劈死一头猪的哥萨克，那个哥萨克本来没有注意他，可能就要从他旁边走过去了，可是乌里奇突然站下来，说：“伙计，你找谁呀？”“就找你！”哥萨克说着，一刀劈来，把他从肩膀几乎直劈到心脏……这时那两个追赶凶手、曾经遇到我的哥萨克赶到，把被劈伤的乌里奇扶起来，可是他已经奄奄一息，只说了一句话："他说对了！"只有我明白这句话的含义，他这话说的是我。我无意中预言了这个可怜的人的劫数。我的直觉没有错，我准确地看出他那变了样的脸上有将死的迹象。

杀人凶手躲进镇边一座空房子里。我们朝那儿走去。许多女人也哭着朝那儿跑去。不时有后来赶到的哥萨克跑出来，一面匆匆地挂佩剑，一面跑着赶到我们前头，真是乱成了一团。

我们终于来到，一看，房子周围站满了人，房子的门和窗都从里面关上了。军官们和哥萨克们都很着急地议论着。娘儿们哭号着，又叫又嚷嚷。她们中间有个老婆子，深沉的脸上流露出疯狂的绝望神情，引起我的注意。她坐在一根很粗的木头上，两肘支在膝盖上，双手托着头。她就是凶手的母亲。她的嘴唇不时地动几下：是在小声祷告，还是咒骂？

还是得采取什么行动，把罪犯抓住。可是，谁也不敢带头冲进去。我走到窗前，从护窗缝里望了望：他脸色煞白，躺在地上，右手握着手枪，那把血糊糊的马刀放在身旁。他那双有表情的眼睛恐怖地转动着，有时他哆嗦几下，抓抓自己的头，似乎模模糊糊记起昨天的事。我从他的惶惶不安的眼神中看不出多大的果敢劲儿，于是就对少校说，不必多虑，应该下命令让哥萨克们砸破门冲进去，因为现在动手比等他完全清醒过来再动手要好些。

这时候，一位上了年纪的大尉走到门前，唤那人的名字，那人答应了一声。

"你造孽了，叶菲梅奇老弟，"大尉说，"那就没有法子，服从发落吧。"

“我不服从。”那个哥萨克回答说。

“那就听从上帝吧，你不是万恶的车臣人，你是规规矩矩的基督徒嘛。既然你一时糊涂造了孽，那就没有法子：在劫难逃呀。”

“就是不服从！”那个哥萨克厉声叫起来，接着就听见扳起枪机的声音。

“喂，大婶，”大尉对那个老婆子说，“你对儿子说说，也许他会听你的话……要知道，这样只能使上帝震怒。而且你看看，各位先生在这儿已经等了两个钟头了。”

老婆子对直地看了看他，摇了摇头。

“瓦西里·彼得罗维奇，”大尉走到少校跟前说，“他不会屈服的，我了解他这个人。要是破门而入，那我们许多人会被他打死。是不是最好下命令向他开枪？护窗有一条很宽的缝儿。”

这时候我的头脑里闪过一个奇怪的念头：我想要像乌里奇一样试试自己的命运。

“等一等，”我对少校说，“我来捉他一个活的。”

我叫上尉还跟他说话，并且安排三个哥萨克守在门口，准备着一听到约定的信号就砸开门冲进去帮助我，我便绕到房子后面，走到那个决定生死的窗户跟前。我的心剧烈地跳动着。

“哼，你这该死的东西！”大尉叫道，“你跟我们开玩笑，还是怎的？是不是以为我们拿你没办法啦？”他使足劲儿敲起门来。我把眼睛贴到护窗缝上，观察那个哥萨克的举动，看出他没有料到会有人从这一面进攻。于是我猛地揭开护窗，头朝下跳进窗去。我的耳朵上方一声枪响，一颗子弹打掉了我的肩章。可是顿时满屋子硝烟。我的敌手再也找不到放在身旁的马刀。我一下子抓住他的两条胳膊。哥萨克们冲了进来,不到三分钟,罪犯就被捆起来押走了。人群走散了。军官们纷纷向我庆贺——确实,应该庆贺!

在这一切种种之后,似乎不能不相信天命了吧?可是谁又能确切知道,他对什么事信得有道理还是没有道理。……我们不是常常把虚情假意或者错误判断当作可信的事吗?

我对什么都喜欢怀疑,可是这种秉性并不影响性格的果断,倒是恰恰相反。就我来说,在我不知道前面是什么在等待着我的时候,我会更勇敢地往前冲。因为比死更坏的事是不会有的——人总免不了一死嘛!

我回到要塞里,把我所经历和亲眼看到的事一五一十对马克西姆·马克西梅奇说了说,想听听他对定数的看法。他起初不明白定数指的是什么,不过我尽可能解释了一下,他听了之后意味深长地摇了摇头,说:

"是啊!当然啦!这玩意儿可奥妙了!不过,那种亚细亚式枪机呀,要是油擦得不够,或者指头没有扣到底的话,常常发不出火。说实话,我也不喜欢契尔克斯式步枪,不知怎的,咱们这些人用起来总是不对劲儿:枪托子太小,一不小心就会把鼻子烧坏……不过他们的马刀实在了不起!……"

他多少想了想,过了一会儿又说道:"是啊,真可惜那个倒霉的人……鬼叫他去跟醉汉说话!……不过,显然这是他命中已经注定了的……"

我再也不能从他嘴里听到什么了:他根本就不喜欢空洞的议论。